O EFEITO MULTIPLICADOR DO DESIGN

D1444910

ADMINISTRAÇÃO REGIONAL DO SENAC NO ESTADO DE SÃO PAULO

PRESIDENTE DO CONSELHO REGIONAL
DIRETOR DO DEPARTAMENTO REGIONAL
SUPERINTENDENTE DE OPERAÇÕES

ABRAM SZAJMAN
LUIZ FRANCISCO DE ASSIS SALGADO
DARCIO SAYAD MAIA

EDITORA SENAC SÃO PAULO
CONSELHO EDITORIAL

LUIZ FRANCISCO DE ASSIS SALGADO
CLAIRTON MARTINS
DÉCIO ZANIRATO JUNIOR
DARCIO SAYAD MAIA
A. P. QUARTIM DE MORAES

EDITOR

A. P. QUARTIM DE MORAES / quartim@sp.senac.br

COORDENAÇÃO DE PROSPECÇÃO EDITORIAL
COORDENAÇÃO DE PRODUÇÃO EDITORIAL

ISABEL M. M. ALEXANDRE / ialexand@sp.senac.br
ANTONIO ROBERTO BERTELLI / abertell@sp.senac.br

REVISÃO DE TEXTO

IVONE P. B. GROENITZ
IZILDA DE O. PEREIRA
MARISTELA S. DA NÓBREGA

GERÊNCIA COMERCIAL
VENDAS
ADMINISTRAÇÃO

MARCUS VINICIUS B. ALVES / vinicius@sp.senac.br
JOSÉ CARLOS DE SOUZA JR. / jjr@sp.senac.br
MÁRCIO TIBIRIÇÁ / marcio.tibirica@sp.senac.br

Todos os direitos desta edição reservados à
Editora SENAC São Paulo
Rua Teixeira da Silva 531 cep 04002 032
Caixa Postal 3595 cep 01060 970 São Paulo SP
T 11 884 8122 / 884 6575 / 889 9294
F 11 887 2136
E-mail eds@sp.senac.br
Home page http://www.sp.senac.br

© Ana Luisa Escorel, 1999

Dados Internacionais de Catalogação na Publicação (CIP)
(Câmara Brasileira do Livro, SP, Brasil)

Escorel, Ana Luisa
    O Efeito Multiplicador do Design / Ana Luisa Escorel
São Paulo: Editora SENAC São Paulo, 2000.

ISBN 85-7359-108-0

1. Artes gráficas 2. Design 3. Marketing I. Título

99-5193   CDD 745.4

Índices para catálogo sistemático:
1. Design gráfico: Artes 745.4

Ana Luisa Escorel   **O EFEITO MULTIPLICADOR DO DESIGN**

EDITORA
senac
SÃO PAULO

Ao jornalista Luiz Garcia que, com um gesto generoso, deu nova inflexão a meu trajeto.

ÍNDICE

O design gráfico no Brasil tem uma história que começou a ser traçada por muito poucos e só recentemente ganhou impulso capaz de lhe conferir feição própria. No entanto, esse noviciado, pleno de possibilidades, ainda não bastou para firmar um estilo brasileiro de design gráfico. Nas palavras de Ana Luisa Escorel, "o design gráfico não teria conseguido incorporar e reproduzir, no nível da linguagem, aqueles traços distintivos que fazem, por exemplo, com que a nossa música popular e nosso futebol sejam reconhecíveis como brasileiros em qualquer lugar do mundo".

Ao publicar este livro indispensável para iniciados e iniciantes em design gráfico, o SENAC de São Paulo, sempre atento às transformações ocorridas nos diversos setores da área de comunicação, através do seu Centro de Comunicação e Artes, exerce a sua missão de proporcionar as melhores alternativas educacionais, estimulando a criatividade pela discussão das idéias e o incentivo à pesquisa.

De certa forma, os artigos reunidos neste livro configuram três conjuntos. No primeiro, estão os textos de caráter mais pessoal, onde alguns aspectos da atividade do design gráfico são abordados por um viés identificado com convicções muito precisas que os textos tentam expor e justificar. Esse grupo de escritos se dirige, basicamente, a um leitor que tem alguma informação sobre a atividade.

No segundo conjunto estão os textos que se concentram em torno de uma preocupação dominante que tanto pode ser a ética profissional como os efeitos da globalização econômica sobre a prática do design gráfico. Destinam-se ao leigo e foram motivados pela indignação com o pouco caso com que a atividade e seus profissionais têm sido tratados no Brasil.

No terceiro, estão agrupadas as resenhas que, conforme dita sua natureza, observam e comentam alguns livros, no caso, aqueles publicados nos últimos dois anos por editoras brasileiras, tendo como tema o design. Esses artigos pressupõem um leitor informado e transitam por noções e referências familiares a um público culto.

Ainda a respeito do teor dos textos, há neles a reiteração de afirmações que certamente serão percebidas por quem se dispuser a lê-los de maneira encadeada. A insistência em distinguir *marketing* de design, por exemplo, a fixação da ESDI – Escola Superior de Desenho Industrial, como o marco da introdução sistemática da prática profissional em nosso país; o repetido recuo para o princípio do século XX, meados do século XIX sempre na tentativa de organizar noções atinentes às formas de que tem se revestido a prática do design de lá para cá; a retomada de uma posição que não é nova nem original e que consiste na valorização dos elementos do discurso que favoreçam a identificação de um timbre nacional. Estamos perfeitamente conscientes de que o prisma se justifica, apenas, no contexto do design gráfico, em que esse tipo de colocação ainda não gerou os frutos necessários e no qual domina um certo deslumbramento mimético pelas realizações dos grandes centros.

No entanto, mesmo constatada a insistência em três ou quatro conjuntos de noções, ao mantê-las optou-se por correr o risco da repetição evitando um excessivo burilamento dos textos que, certamente, iria tolher-lhes o caráter de reflexão circunstancial. Com efeito, todos os artigos foram escritos ou para serem publicados em jornais – *O Globo, Caderno Mais* e *Jornal de Resenhas da Folha de S.Paulo, Gazeta Mercantil* – revistas – *Projeto Design, Design Gráfico* – ou formaram a base de conferências feitas em universidades, empresas ou instituições ligadas à indústria e à prática das atividades de comunicação, num período de tempo relativamente curto e para atender a demandas que giravam quase sempre em torno dos mesmos temas.

Finalizando, uma das metas dessa coletânea foi a de tornar acessíveis todas as questões levantadas por meio de uma escrita que aderisse a seu objeto e chegasse ao leitor sem muitos rodeios. Só assim estaria justificada essa tentativa de extrair o design, de maneira geral, o design gráfico em particular, do limbo em que ainda se encontra imerso em nosso país, discutindo-o no plano do senso comum e no plano da reflexão crítica.

O design é uma das formas de expressão mais instigantes de nosso tempo. É também um instrumento de grande eficácia para a promoção de bem-estar e para a divulgação de informações. Não tem cabimento, portanto, que em decorrência de limitações de caráter eminentemente cultural o Brasil se mantenha alijado de seus benefícios. Essa série de escritos pretende colaborar para a valorização da atividade e daqueles que a praticam, buscando definir campos e conceitos que ainda se encontram embaralhados, numa imprecisão que certamente não serve a quem vive de design no Brasil, a quem o ensina, a quem o pratica e, menos ainda, ao usuário a quem é dirigido o trabalho dos profissionais que atuam neste setor.

O prefácio não poderia ser fechado sem que se mencionasse o papel especialíssimo de três cavalheiros na realização deste livro. Por ordem cronológica: devo, de certa forma, ao designer Ricardo Ohtake o primeiro impulso. Ao aceitar, no início de 1996, fazer parte da diretoria da ADG–Associação dos Designers Gráficos, com sede em São Paulo, Ricardo teve a gentileza de sugerir meu nome para participar da mesma gestão. Como estivesse longe, noutra cidade, minha colaboração era praticamente nenhuma. Foi assim, com o intuito de me fazer de alguma maneira útil, que me coloquei como tarefa divulgar a atividade tentando refletir sobre algumas questões, através de textos a serem publicados em veículos de larga circulação.

Escrito um primeiro artigo, o grande obstáculo: que jornal poderia se interessar pelo tema do design gráfico? Tentei um primeiro. Nada. Aí me dirigi ao *O Globo,* através de um de seus diretores. O artigo foi parar nas mãos do editor-chefe, Luiz Garcia, que não apenas o aceitou, como fez nele um corte magistral, ajustando-o à medida necessária. Com sua interferência nesse artigo, Luiz Garcia me mostrou como se deve escrever. Além do mais, abrindo a coluna de *Opinião* a *Carta a um Jovem Designer* e aos outros textos que lhe enviei em seguida abriu, simultaneamente, um espaço precioso para o debate de questões referentes ao design gráfico.

Ricardo deu a motivação, Luiz tornou concreta a tentativa de divulgar uma profissão pouco conhecida, Carlos Perrone, outro designer, fechou o ciclo ao recomendar meu nome à Editora SENAC São Paulo. De tal forma que quando a procurei as portas já tinham sido delicadamente abertas por esse terceiro cavalheiro, o que certamente tornou meu acesso às instâncias de decisão infinitamente mais fácil. Aos três meu afeto e minha gratidão.

Existem amigos que nos acompanham pela vida com tal solidariedade e carinho que os momentos significativos acabam se associando indelevelmente a suas figuras. Tito Enrique da Silva Neto tem sido desse quilate. A ele devo apoio e atenção constantes, aqui consubstanciados na realização deste livro.

Gostaria, ainda, de agradecer aos colegas que cederam material para reprodução: Glaucio Campelo, Guilherme Cunha Lima, Jair de Souza, Joaquim Redig, Rafael Ayres, Ricardo Leite, Suzana Valladares. Sou grata, por fim, a João de Souza Leite que me deu informações preciosas acerca do processo de trabalho de Aloisio Magalhães, na ocasião da feitura do cruzeiro novo. **ALE**

UMA TENTATIVA DE ORDENAÇÃO

É muito difícil para um contemporâneo avaliar com lucidez as tendências culturais de seu tempo. A excessiva proximidade tende a desnortear o juízo. Vistos à distância, no entanto, de outro momento histórico, os traços dominantes de uma época costumam mostrar tal solidariedade que é como se tivessem irradiado de um mesmo centro, já que o afastamento propicia a visão abrangente dos códigos e facilita a leitura de suas relações. É por isso que, quando nos detemos na observação de um dado período e de suas tendências, podemos perceber com nitidez a coerência existente entre manifestações de natureza diferente: obras literárias, pictóricas, escultóricas, arquitetônicas, musicais, tipográficas e, entre elas e a maneira das pessoas se vestirem, falarem, escreverem e se portarem nas relações interpessoais, naquele preciso contexto. Para conseguir essa perspectiva, no entanto, é preciso que o período examinado esteja distante algumas dezenas de anos.

Aceito esse pressuposto, pode-se concluir que na sincronia que todos temos com a atual produção cultural brasileira, de maneira geral, e com o design gráfico, em particular, fica extremamente difícil a avaliação equilibrada das tendências, a menos que se acate um prisma de total relatividade que coloque o raciocínio que vamos tentar desenvolver no terreno da mera conjectura. Só assim poderemos arriscar a hipótese de que, em nossos dias, o design gráfico brasileiro revela duas inclinações principais. Uma, derivada do desejo de quem contrata trabalhos profissionais nesse domínio, outra, da postura de projeto do próprio designer, e de que ambas produzem um resultado que está longe de nos exprimir como nação.

Nesse quadro, pode-se dizer que a primeira tendência se ressente da desinformação que envolve a atividade e de um certo medo do novo. Assim, na encomenda costuma vir embutida a recomendação de que se siga um determinado modelo, conhecido, testado e aceito, via de regra, no primeiro mundo. Essa atitude exprime não apenas os vícios culturais de quem compra os serviços do designer, como também falta de confiança na capacidade de leitura simbólica do usuário. Ou seja, se por um lado o cliente do designer gráfico não costuma aceitar senão aquilo que valoriza culturalmente, que já conhece e a que se habituou, por outro, duvida dos recursos do público ao qual dirige seus produtos. As duas atitudes funcionam como verdadeiros freios à expressão, restringindo as possibilidades do projetista. E, o que é mais grave, esses freios acabam por ser interiorizados pelo designer que passa a ter com sua linguagem uma relação de excessiva prudência, aparando as próprias asas e comprometendo o vôo.

Poderia se argumentar que o embate entre a criação e a expectativa de quem encomenda o trabalho é quase tão antigo quanto a própria civilização. E esse argumento seria absolutamente verdadeiro. A história das formas de manifestação artística no ocidente tem sido, de fato, um registro daquilo que sobreviveu ao conflito entre o desejo do criador e o desejo do agente de quem partiu a encomenda. Daí a necessidade que o designer gráfico tem de desenvolver uma acuidade suplementar que o dote de um sistema de medidas interno, no manejo do qual os elementos com que constrói seu discurso possam ser calculados de maneira que o produto resulte harmonioso: nem muito carregado de informação, a ponto de não poder ser apreendido, nem muito banal, a ponto de se dissolver no meio dos outros. Tanto melhor será o designer quanto mais hábil for no ajuste desse traçado, já que a abertura para o novo representa o compromisso com sua intuição e com os direitos do usuário, enquanto um certo grau de redundância, a condição para realizar e transmitir o trabalho.

No Brasil, onde o design gráfico não foi incorporado nem como manifestação cultural nem como instrumento de planejamento e projeto, a margem para o exercício de soluções experimentais costuma ser muito estreita à diferença do que ocorre nos países do centro capitalista onde a atividade já se plasmou ao cotidiano. Lá é relativamente corriqueira a busca de inovação gráfica e existe um bom mercado para as soluções inusitadas que são produzidas, vendidas e compradas sem problemas, circulando facilmente junto a um público bastante numeroso.

No caso brasileiro, a base dessa resistência à informação nova, desse apego à forma já testada e aceita repousa num certo desconhecimento de quais sejam os recursos e a natureza da profissão e num forte sentimento de inferioridade, resquício colonialista que tende a valorizar o que se origina nas metrópoles. Esse colonialismo e essa falta de informação acerca do arco de possibilidades do design, que norteiam os agentes de quem parte a encomenda do trabalho, atuam também, com muita freqüência, entre os próprios designers, engessando sua capacidade de projetar.

CARTAZ DE CINEMA
COMO NASCEM OS ANJOS
FILME DE MURILO SALLES / 1997

PROJETO / DA+DESIGN / 1997
DESIGNER / JAIR DE SOUZA
FOTÓGRAFO / MURILO SALLES

Arriscando um certo exagero, diríamos que o design gráfico brasileiro jamais alcançou matiz próprio. Desde que a atividade passou a ser praticada regularmente no país, há cerca de trinta anos, vem sofrendo influências que a marcaram profundamente e que vêm se sucedendo no tempo. Já tivemos um design gráfico influenciado pelo funcionalismo alemão, pelo racionalismo suíço, pelo psicodelismo americano, pelo estilo "casual" californiano, pelo movimento *punk* inglês. A voga atual consiste em dissolver a imagem, em privilegiar soluções não lineares de organização do texto, em camuflar a informação principal, despistando o entendimento através de uma excessiva valorização do arbitrário. Essa tendência tem no designer americano David Carson seu representante de maior prestígio. Portanto, pressionado pelo mercado e vítima de suas próprias lacunas, o profissional brasileiro tem revelado mais habilidade em reproduzir as tendências que chegam, principalmente, através das publicações especializadas internacionias, do que em abrir suas próprias picadas com os recursos disponíveis em si mesmo e na tradição cultural de seu país.

Isso não significa que o design gráfico que se pratica atualmente no Brasil seja de má qualidade. Chegamos, já há cerca de quinze anos, a um grande domínio da técnica e dos recursos de expressão e nosso desempenho é, certamente, o mais eficiente da América Latina. O que nos falta não é, infelizmente, algo que seja fácil de adquirir e de praticar, tendo em vista a condição de país periférico do Brasil, vulnerável a influências de culturas mais estruturadas e economias mais poderosas que não dispensam meios de sujeitá-lo a conveniências que nem sempre são as suas. O que nos falta é segurança para incorporar os códigos culturais genuínos da nação, interesse em desenvolvê-los no plano do projeto e pertinácia para colocá-los no mercado.

No primeiro semestre de 1998, em ocasiões diferentes, Wim Crouwell, designer holandês de grande prestígio e Emily Hayes, assessora do British Council para assuntos de design, manifestaram-se acerca da atividade no Brasil beneficiando-se do distanciamento resultante do fato de serem estrangeiros e estarem de passagem pelo país. Ambos exprimiram a mesma opinião, tomando como referência os catálogos da Bienal de Design Gráfico organizada nesse ano de 1998 pela ADG – Associação dos Designers Gráficos. Concluíram que a prática profissional brasileira equivale, em qualidade, à de qualquer grande centro, porém, faltaria a ela identidade nacional. O design gráfico não

teria conseguido incorporar e reproduzir, no nível da linguagem, aqueles traços distintivos que fazem, por exemplo, com que a nossa música popular e nosso futebol sejam reconhecíveis como brasileiros em qualquer lugar do mundo.

Na verdade, essa pasteurização internacionalista não é privilégio que pratiquemos sozinhos. Atualmente se observa como que uma convergência dos códigos gráficos para um mesmo núcleo de cacoetes visuais. Sintoma disso se evidencia num dos números especiais sobre o design gráfico europeu, publicado há cerca de dois anos por uma das melhores revistas do gênero, a americana *Print*. Com exceção da Espanha, da Alemanha e da Suíça, todas as outras mostras nacionais eram extremamente semelhantes. Não que os projetos selecionados pelos editores da revista fossem maus. Longe disso. O que se verificava era a tendência à perda da identidade nacional e, portanto, dos valores a ela subjacentes, ordenados e polidos pelo longo tempo que levaram para se constituir. Num país jovem, como o Brasil, esse período de sedimentação é pequeno e, logo, maior a vulnerabilidade à interferência de elementos alheios às tradições.

Aloisio Magalhães, o melhor e mais interessante designer gráfico brasileiro de sua geração, foi exemplar nesse aspecto da valorização dos traços distintivos da cultura de nosso país. Com um rigor absoluto, no plano do conceito e no plano da forma, conseguiu conjugar em seus trabalhos a tendência dominante do design gráfico mundial que, naquele momento, era representada pelo racionalismo suíço, com o emprego de elementos colhidos nas várias formas de manifestação da cultura brasileira. Sua ação e a da equipe que comandou durante os anos em que manteve seu escritório no Rio de Janeiro, no entanto, não foi suficiente para constituir a base de uma linguagem gráfica nacional. Mais adiante, quando esteve à frente do Centro Nacional de Referência Cultural, da Fundação Nacional Pró-Memória e da Secretaria de Cultura do Ministério da Educação, entre 1979 e 1982, sistematizou melhor essa visão acerca da necessidade de identificar e preservar o bem cultural. Naquele momento, e para ilustrar seu empenho na valorização de nossas tradições, criou uma série de imagens extremamente expressivas, que didaticamente espalhou pelo país, nos encontros regulares que costumava manter com instituições e autoridades da área cultural. Entre essas imagens, uma era particularmente sagaz: a do estilingue. Repetia que, assim como ocorre com o estilingue, no qual quanto mais a pedra se afastar da forquilha, mais o impulso do elás-

**SÍMBOLO VENCEDOR DO CONCURSO
RIO CIDADE CANDIDATA**

PROJETO / UNIDESIGN / 1995
DESIGNERS / GLAUCIO CAMPELLO
SUZANA VALLADARES / CRHISTIE ASSUMPÇÃO

tico a projetará na distância, ocorre também com a força prospectiva das tradições culturais. Quanto mais um povo puder se voltar no tempo, em busca da avaliação crítica e afetiva de suas raízes, maior será a força de sua projeção para o futuro. Daí a importância da preservação do bem cultural, conceito que abrange desde a igreja barroca até a lata de lixo fabricada com restos de pneu velho, exemplo de engenho popular em uma cultura da escassez, onde o reaproveitamento é vital mostrando, nesse caso particular, o curioso redimensionamento de um produto industrial por meio de técnicas artesanais.

Aloisio acreditava que se os bens culturais brasileiros fossem preservados e estivessem disponíveis para fruição e consulta, certamente serviriam como base para a construção do nosso futuro, na linha de uma proposta alternativa e original, que evidenciasse os traços distintivos da nação no confronto com outras culturas. Nesse rumo, foi antecedido por Mário de Andrade e Rodrigo Melo Franco de Andrade que, como ele, lutaram pela valorização da identidade nacional no Departamento Municipal de Cultura, em São Paulo e no Serviço do Patrimônio Histórico e Artístico Nacional, respectivamente, e por toda uma linhagem de grandes intelectuais entre os quais se destacam o próprio Mário, Gilberto Freire, Caio Prado Júnior e Sergio Buarque de Holanda que, em obras fundamentais, definiram o caminho para a compreensão do Brasil, enquanto nação particular. A novidade trazida por Aloisio Magalhães, no entanto, reside no pris-

CAPA DE CD
ZÉ RAMALHO 20 ANOS

PROJETO / PÓS IMAGEM DESIGN / 1997
DESIGNERS / RICARDO LEITE / RAFAEL AYRES
DESIGNER ASSISTENTE / CRISTINA CRUZ
FOTÓGRAFO / DARIO ZALIS
GRAVADORA / BMG

CAPA DE CD
CARLOS MALTA

PROJETO / PÓS IMAGEM DESIGN / 1999
DESIGNERS / RICARDO LEITE / RAFAEL AYRES
DESIGNER ASSISTENTE / NAKO
FOTÓGRAFO / ZEKA ARAÚJO
GRAVADORA / ROB DIGITAL

ma de visão. Não mais a do sociólogo, do economista, do historiador ou do estudioso de música, cultura popular ou literatura, mas a visão do designer, comprometida com o universo do projeto e com as questões relativas às tecnologias de reprodução e difusão do objeto e da informação, em larga escala.

Em resumo, e usando um lugar comum, quanto mais nacionais formos, mais universais seremos, quanto mais caracteristicamente brasileiro for o nosso produto, mais facilidade ele encontrará para se colocar num mercado globalizado. A marca nacional tornou-se condição para a sobrevivência econômica e cultural. Num contexto em que a quantidade de ofertas tende a aumentar numa proporção avassaladora, aqueles países em que não se projetar de forma original serão tragados pelo rodamoinho da competição. E é exatamente aí que entra a responsabilidade do designer brasileiro e sua obrigação de interferir construtivamente num mercado cheio de vícios e preconceitos. Cabe a nós o compromisso de construir uma linguagem que nos exprima como nação, que distinga nossos produtos, no plano internacional, no momento das trocas comerciais. O design gráfico brasileiro conseguirá definir um timbre próprio, livrando-se da excessiva dependência que tem mantido com as tendências estéticas internacionais, no momento em que ajustar o foco nas tradições culturais do país e nas necessidades particulares dos homens e das mulheres que o habitam.

EQUILÍBRIO DELICADO

O sentimento de inferioridade que o brasileiro freqüentemente demonstra em relação a outros povos não deve ser atribuído apenas ao fato do país ter sido colônia e permanecer, até hoje, meio à margem do mundo desenvolvido. Na verdade, todos os povos exibem uma espécie de estranhamento em relação a si mesmos, um bovarismo que se desprende da noção de identidade nacional, de que a insegurança é um dos aspectos. Essa circunstância faz com que uma certa insatisfação com a natureza profunda da cultura e dos valores de qualquer nação permeie a psicologia de qualquer povo, funcionando como contrapeso ao ufanismo, como a antítese necessária para definir o tom em que se dará a identificação profunda dos cidadãos com seu respectivo país. Nesses termos, um desencanto crônico acaba movendo o desejo das pessoas para fora dos limites nacionais, na busca de traços que são valorizados, justamente por não estarem contidos nesses limites.

De fato, se prestarmos um pouco de atenção à maneira como algumas nacionalidades reagem a si próprias notaremos que os portugueses lamentam não saber se portar socialmente como os ingleses, ainda que tenham se mostrado colonizadores mais generosos ao adotar a miscigenação para se integrarem aos países por que passaram; que os italianos cobiçam a imaginação e a densidade filosófica dos alemães, apesar de serem grandes artistas e pensadores extremamente originais; que os japoneses, por sua vez, desde o pós-guerra muito voltados para o ocidente, possuem um eficientíssimo sistema de captação e filtragem que os faz mestres em adaptar às suas necessidades as conquistas de culturas alheias, apesar da riqueza e da originalidade de sua própria tradição; que os americanos, mesmo sendo donos do mundo, conservam certa reverência em relação às tradições européias, votando às antigüidades, de modo geral, uma veneração quase infantil; e, finalmente, que os franceses, embora resistindo a admitir, adorariam pensar e agir da maneira objetiva e pragmática como o fazem os anglo-saxões. E assim por diante, de modo que podemos ver rodar uma ciranda sem-fim em que a insatisfação universal reproduz o sentimento expresso por Carlos Drummond de Andrade num poema certamente conhecido de todos:

João amava Teresa que amava Raimundo / que amava Maria que amava Joaquim que amava Lili /que não amava ninguém.

Situados nesse moto-contínuo, ao demonstrar impaciência com suas próprias características os brasileiros não fazem, portanto, senão reproduzir um comportamento comum a todos os povos. A particularidade é que sendo um país novo e pobre, para usar uma classificação inventada pelo designer Aloisio Magalhães, o Brasil é muito vulnerável em dois flancos essenciais: o da cultura e o da economia.

Aloisio organizava o globo de maneira singela, ainda que extremamente racional, dividindo-o em países velhos e pobres; países novos e pobres; países velhos e ricos e países novos e ricos. A partir dessa disposição tecia suas formulações, sempre originais e inteligentes, propondo estratégias que atendessem às necessidades do Brasil, segundo sua classificação um país novo e pobre. A partir das estratégias, Aloisio, no exercício dos cargos públicos por que passou, estabelecia as táticas, e definia as prioridades. Entre elas, a que mais defendia era uma política de governo voltada para a preservação do bem cultural e, como conseqüência, das tradições do país, nesse setor.

Com efeito, sendo um país de cultura recente e economia frágil, o Brasil está particularmente exposto à influência de nações mais poderosas e tradições mais estruturadas do que a sua. Daí a necessidade de uma resistência consciente, até mesmo organizada, para enfrentar esse vendaval incessante a que os países ricos, novos ou velhos, sempre submeteram os países pobres e que mostra agora, com a globalização da economia, sua face mais violenta.

Dizendo a mesma coisa de outra maneira: se a globalização econômica acirra a homogeneização do gosto e das expectativas tanto estéticas quanto de consumo, confirmando-nos a todos como aldeões globais, portadores de desejos e de necessidades bastante semelhantes, marcar de alguma maneira sua origem nacional constitui um imperativo para que uma dada produção se distinga, sobressaindo-se no mercado altamente competitivo das trocas comerciais. Isso, sem considerar o fato de que, sendo uma forma de expressão como outra qualquer, o design gráfico precisa partir de um repertório particular sobre o qual possa erigir seus sistemas de comunicação. E certamente não teria cabimento escolhermos o repertório do vizinho para exprimir a cultura que fazemos dentro da nossa própria casa. No entanto, esse sempre foi e continua sendo o risco que correm os países novos e pobres. E agora, com a economia globalizada, o povo que insistir em conceber seus produtos industriais a partir de traços que não correspondam ao contorno de sua nacionalidade estará certamente fadado a patinar no vazio. Portanto, mesmo considerando a crescente uniformização do gosto e das expectativas estéticas a que nos referimos atrás; mesmo considerando que esse aplainamento tem se dado principalmente a partir da apropriação dos códigos hegemônicos dos países ricos, se acharmos que ainda há tempo para construirmos uma nação original é indispensável que desenvolvamos nossos próprios sistemas simbólicos, ou seja, aqueles que emanam das tradições do Brasil em todas as suas áreas de expressão, assim como das características essenciais de seu povo.

Nesse contexto, se nos propuséssemos a identificar as bases simbólicas e formais em que se assenta o design gráfico que se pratica atualmente no Brasil levantaríamos mais perguntas do que respostas. Quais seriam os traços distintivos da expressão gráfica brasileira no campo do produto industrial? A ousadia no uso das cores? O reduzidíssimo adestramento tipográfico? A facilidade para agrupar as últimas tendências através de uma postura de caráter sincrético? O exercício colonizado da contrafação ou um certo descompromisso com os cânones?

Talvez isso tudo e mais um pouco.

Não se pode negar que o design gráfico brasileiro atingiu um nível de amadurecimento considerável podendo exibir, com tranqüilidade, muita técnica e alguma invenção. Infelizmente, tanto as diretrizes do mercado quanto a própria conformação mental dos profissionais têm sido predominantemente determinadas pelo imediatismo dos apelos comerciais e não pelos desafios da autoria que, no entanto, são aqueles que, de fato, impulsionam a linguagem do design, fazendo-a avançar. Sendo assim, o prisma estreito com que se costuma encarar a produção em larga escala conduz freqüentemente o profissional a repisar os caminhos já batidos da banalidade. O que acaba resultando muito frustrante porque, dessa forma, o designer assim como o cineasta, o músico e os criadores que atuam na televisão, por exemplo, são empurrados a viver o sonho torto de vislumbrarem extraordinários canais de comunicação ante os quais, no entanto, são freqüentemente levados a frear a invenção, tolhidos pela barreira das conveniências do mercado.

De fato, para poder exercer com equilíbrio sua função, o designer de maneira geral, o designer gráfico em particular não deve esquecer que é um elo na cadeia que vai da fabricação ao uso do produto e que, portanto, as questões relativas à viabilidade econômica, tecnológica e prática de seu projeto devem ser tão relevantes para ele quanto as questões relativas à linguagem. Sendo assim, para exercer com equilíbrio suas funções o designer deveria se empenhar em dosar harmoniosamente em seus trabalhos três ordens de fatores: fidelidade a si mesmo e às razões determinantes de sua personalidade; o respeito e o interesse pelas tradições da terra natal; a porcentagem de informação nova que destila sobre o repertório do usuário.

O designer que iniciar a vida profissional atento às componentes de sua personalidade estará mais propenso a ser um canal adequado para expressar a identidade de seu país do que aquele que tentar calçar a invenção com os traços próprios a indivíduos que estão integrados a experiências nacionais diferentes das suas.

Como todos nós sabemos, a identidade de qualquer pessoa é construída a partir de vivências afetivas e culturais: das músicas e das estórias que escuta em criança; dos jogos que aprende na rua e na escola; do contato com a natureza que tem à sua volta: sua luz, sua temperatura, seu cheiro; do nível de cordialidade que permeia a relação das pessoas com que convive; da forma como se dá com as várias etnias que compõem seu povo; da língua que escuta dentro e fora de casa, melhor dizendo, das formas de apropriação do código comum, tal como ele se apresenta em suas muitas variações. Para o designer gráfico, fugir desse conjunto de valores tão preciosos e estruturantes significa, no fundo, fugir de si mesmo e da responsabilidade de reproduzir, através do projeto, aspectos da cultura em que foi educado.

No tocante à relação com as tradições culturais, tem-se que admitir que um país novo e pobre, como o Brasil, não carrega seus traços distintivos com o mesmo garbo e convicção que países velhos e ricos ou que países novos e ricos, que construíram sua força e eventual supremacia a partir da afirmação continuada de seus valores e respectivas identidades. Sendo assim, seria desejável que o designer que atua num país novo e pobre como o nosso se defendesse um pouco dos apelos que vêm de fora. E também, que se empenhasse no propósito de manter a invenção sintonizada com a sensibilidade de seu tempo sem, no entanto, abrir mão do direito de distinguir os projetos em que estiver envolvido com a marca de sua própria personalidade e origem nacional.

Continuando nesse rumo, e jogando o olhar para trás, vamos ver que não são muitas as bases sobre as quais podemos assentar a construção de um trajeto próprio para a linguagem do design gráfico em nosso país.

Fomos um dos últimos países do globo a entrar em contato com a tipografia, cujo exercício passou a ser autorizado entre nós, por Portugal, apenas a partir da vinda da família real para o Brasil, em 1808. Portanto, estamos fabricando nossos próprios livros, jornais, revistas e impressos efêmeros há menos de duzentos anos, contra mais de cinco séculos, se tomarmos como referência os países europeus.

Nelson Werneck Sodré, em *A História da Imprensa no Brasil*, reflete sobre as causas do atraso da introdução da tipografia em nosso país aventando a hipótese de que as metrópoles européias visavam manter baixo o nível cultural das colônias, como estratégia para fortalecer o poder central. Nessa linha, países de cultura desenvolvida, como o México e o Peru, tiveram liberada a prática da tipografia desde 1539 e 1584, respectivamente, para que ela servisse como instrumento de domínio da cultura do opressor sobre a cultura do oprimido. Ou seja, nos lugares em que o invasor se deparava com culturas desenvolvidas, se empenhava em instalar a sua própria, de modo a justificar e defender, com mais facilidade, a ocupação do território, o jugo político e a exploração econômica. Como no Brasil os portugueses só tivessem encontrado tribos indígenas em estágio de civilização próximo da idade da pedra, não viram necessidade de fazer esse tipo de proselitismo e, portanto, de trazer para cá a tipografia, ainda no século XVI. Por essa ou por outra razão, o fato é que a tipografia só chegou em nosso país no início do século XIX, deixando-nos pouco tempo para desenvolver um estilo tipográfico próprio que, de alguma forma, pudesse nos refletir como povo.

Ora, a técnica e a estética da composição tipográfica constituem duas das principais bases de sustentação da linguagem do design gráfico. E se a tradição brasileira nesse setor é fraca, somos levados a concluir que nosso design gráfico não pode contar muito com ela para construir o seu trajeto. Por outro lado, nas décadas de 30 e de 40, a grande influência sofrida pelo produto gráfico, no Brasil, veio da publicidade que se praticava nos Estados Unidos. Anúncios, cartazes, embalagens rótulos e revistas calcavam sua fisionomia nas referências americanas que funcionavam como modelos a serem atingidos. Talvez o livro se mantivesse menos submisso a esse padrão na medida em que era mais influenciado pelas editoras européias, portuguesas e francesas principalmente.

No entanto, mesmo com a forte interferência dos padrões europeus e americanos em nossa produção gráfica, nos anos 20 e 30 surgiram algumas tentativas de fabricar livros com características brasileiras não só em torno da movimentação da *Semana de Arte Moderna*, como também com as iniciativas de Monteiro Lobato, em sua editora. A partir daí passaram a se suceder as empresas neste setor que apanhavam e transmitiam esse bastão, como a José Olympio onde, nas décadas de 30 a 50, os artistas plásticos Santa Rosa e Poty fizeram capas belíssimas, transfigurando aspectos do imaginário brasileiro, cada um com seu traço próprio e sua sensibilidade particular.

Então, até os anos 60 o produto gráfico nacional se ressentiu muito das influências européias e americanas e da tentativa de transposição, para os processos de reprodução industrial, dos efeitos obtidos pelas técnicas de representação próprias das artes plásticas. A estética característica do objeto único assistia, assim, à tentativa inadequada de deslocamento de seu eixo para um universo que não era o seu. Foi necessária a introdução sistemática do design no Brasil para que, pouco a pouco, esse estado de coisas se modificasse, o sistema em que se insere o produto industrial fosse sendo apreendido em toda sua extensão e os campos do projeto industrial e das artes plásticas se organizassem melhor, cada um dentro de seus limites próprios. O início desse processo se deu em meados dos anos 60, no final do otimismo desenvolvimentista, com a criação da ESDI – Escola Superior de Desenho Industrial, em 1963, no Rio de Janeiro.

A partir daí a história tendeu a se repetir mais uma vez. De novo o design gráfico que se praticava naquela altura no Brasil sofreu grande influência da voga do momento, representada pelo estilo suíço ou *international style*, como se referem a ele os americanos.

As duas personalidades que chegaram mais próximo de alcançar com sucesso a fusão da limpeza e da objetividade do estilo suíço com certos traços da identidade visual brasileira foram Aloisio Magalhães e Rogério Duarte. Autodidatas os dois, nordestinos os dois, o primeiro pernambucano, o segundo baiano, brilhantemente inteligentes e talentosos os dois. Aloisio construiu uma carreira sólida, transformando-se num marco da história do nosso design. Rogério Duarte mudou de atividade algumas dezenas de vezes e acabou por abandonar o design.

No correr dos anos 60 o *Push Pin Studio* de Nova York, sob a liderança de Milton Glaser, captou as tendências de ruptura com a ordem funcionalista dispersa pela Europa e pelos Estados Unidos, formulando com seu trabalho uma nova via que derrotava o primado da razão gráfica, encarnado pela Alemanha e, principalmente, pela Suíça, contribuindo decisivamente para instituir a era da expressão, no campo do design gráfico. A ilustração voltou a ser valorizada trazendo para os projetos uma estridência de cores e uma liberdade de forma e de conceito que eles haviam perdido desde os primeiros anos desse século. O principal representante dessa tendência no Brasil foi o paranaense Oswaldo Miranda (Miran). Como Aloisio Magalhães e Rogério Duarte, Miran, apesar da alta qualidade de seu trabalho, também não chegou à síntese desejada entre uma expressividade brasileira e a voga internacional daquele momento.

Nas décadas de 80 e de 90 o design gráfico brasileiro amadureceu muito e se afirmou definitivamente como forma de expressão. Com a chegada do computador, no entanto, mais uma vez ele foi tragado pelas modas de fora, e mais uma vez assistiu-se à predominância dos códigos internacionais sobre os códigos locais.

Mas, como costuma ocorrer, sempre despontam as exeções e, nos dias que correm, o carioca Jair de Souza talvez seja, em nosso país, o designer que esteja trabalhando melhor essa conjugação entre um certo sotaque internacional, comprometido com a

SÍMBOLO

PROJETO / ALOISIO MAGALHÃES PROGRAMAÇÃO VISUAL
E DESENHO INDUSTRIAL / 1970
DESIGNERS / ALOISIO MAGALHÃES / JOAQUIM REDIG
CLIENTE / EMPRESA DE TURISMO DE PERNAMBUCO

constante renovação da linguagem e a imagética brasileira, com seus acentos particulares. Dono de grande capacidade na articulação de símbolos visuais, suas construções
costumam ser poderosas e extremamente ricas de significados que se superpõem uns
aos outros, permitindo uma leitura de muitas faces. Em todo caso, é sempre bom deixar
de quarentena afirmações relativas à realidade imediata. A situação presente, justamente por estar pulsando sob nossos olhos, não se deixa facilmente avaliar por quem,
como nós, somos seus contemporâneos. Dada a quantidade de designers gráficos em
atividade no Brasil, dada a quantidade de escolas especializadas que se criaram e se
espalharam pelo país, ficou mais difícil dominar a atual produção brasileira apenas com
o arco do olhar. Sendo assim, é até possível que esta desejável particularização da linguagem do design gráfico pelos traços da nossa cultura já esteja em curso, em via de
se revelar a qualquer momento. Para acelerar esse processo, no entanto, é preciso que
o designer gráfico brasileiro continue buscando um tom que o distinga, seguro de que
assim estará não só se exprimindo com mais fluência enquanto projetista mas também
atendendo melhor às necessidades do usuário brasileiro e contribuindo, ainda, para
situar nosso produto gráfico em patamares mais favoráveis a seu sucesso, tanto dentro
quanto fora do país.

CARTAZ DE CINEMA
DEUS E O DIABO NA TERRA DO SOL
FILME DE GLAUBER ROCHA / 1964

DESIGNER / ROGÉRIO DUARTE

FOTÓGRAFOS / JOSÉ LUÍS PEDERNEIRAS / CHAUM BOTTERILL

O futebol, como a nossa paixão popular e esporte número um, encena um ritual coletivo de intensa densidade dramática e cultural, pleno de conexões múltiplas com a realidade brasileira. Teatro e dança, esporte e guerra, Eros e Thanatos, Dionísio e Apolo, o sagrado e profano, síntese plural dos inegáveis arqétipos de nosso inconsciente coletivo, de nossa identidade cultural.

FOTÓGRAFOS / PULSAR / JUCA MARTINS / AGÊNCIA O GLOBO / ABRIL IMAGENS/ AGÊNCIA JB / PULSAR / STEFAN KOLUMBAN / CÂMERA TRÊS / CLAUS MEYER / JOSÉ LUÍS PEDERNEIRAS / AGÊNCIA ESTADO / ABRIL IMAGENS / FERNANDO VIVAS

LIVRO
FUTEBOL - ARTE
JAIR DE SOUZA / LUCIA RITO / SERGIO LEITÃO / 1999

PROJETO / DA+DESIGN / 1999
DESIGNER / JAIR DE SOUZA
EDITORA / SENAC SÃO PAULO / EMPRESA DAS ARTES

O jogador deve tornar-se quase um dançarino, fazer de seu corpo um conjunto de signos indecifráveis para o adversário, dominar a arte do drible, da condução maliciosa e ardilosa da bola, numa exibição permanente de habilidade e raciocínio rápido, aproveitando todos os lances do acaso, do imprevisto, da oportunidade.
José Carlos Brito

FOTÓGRAFOS / AGÊNCIA ESTADO / STEFAN KOLUMBAN

Futebol-Arte

FOTÓGRAFO / LEMYR MARTINS

Para o senso comum, globalização significa abrandamento do papel empresarial do Estado, aumento do poder de interferência dos conglomerados econômicos transnacionais na dinâmica do jogo político e, em tese, licença para que a circulação de capitais e mercadorias ocorra livremente, num fluxo que desconsidera fronteiras. Partindo dessas bases, tentemos avaliar em que medida elas chegam a interferir nas formas de expressão artística, de maneira geral, no design gráfico, em particular, mudando as linhas de força vigentes até a abertura econômica, num país como o Brasil. Mantendo essa direção e ordenando nosso campo por setores, de acordo com a natureza da mensagem emitida e sua forma de veiculação, podemos chegar a três classes de produtos:

– a daqueles elaborados e veiculados artesanalmente, digamos assim, através da presença física do artista, como no caso das artes cênicas, ou do original, como no caso das artes plásticas;

– a daqueles que são concebidos para serem transmitidos por meio de tecnologias industriais ou eletrônicas, através da reprodução em larga escala de uma matriz;

– e por fim, a classe daqueles que combinam as duas possibilidades, ou seja, são produzidos de forma artesanal mas veiculados de forma industrial ou eletrônica.

Na primeira categoria, estariam os espetáculos teatrais e de dança; o resultado do trabalho de pintores, escultores, músicos e toda a produção artística tradicional, de origem popular. Na segunda, o filme, os objetos e informações resultantes de projeto de design e certos produtos gerados pela televisão. Na terceira, a ficção literária, a poesia e a dramaturgia e, de novo, os produtos musicais. Assim como a literatura, que nasce do convívio entre o indivíduo e suas inquietações e passa de notação solitária a produto industrial: livro, jornal ou revista, a música também percorre itinerário semelhante. Erudita ou popular, aparte as apresentações ao vivo, também precisa se transformar em produto industrial para atingir seu público na forma de fita cassete, CD, emissão de rádio ou televisão.

Por fim, fechando essa tentativa de organização, situemos numa categoria aparte a arquitetura, já que ela ora se exprime através de recursos puramente artesanais, ora se aproxima do design quando, por meio do projeto, articula unidades pré-fabricadas, elementos construtivos produzidos industrialmente a partir de matrizes.

Para a primeira e a terceira classe de produtos, no Brasil, com ou sem globalização, as coisas ficam mais ou menos como sempre estiveram. Ou seja, as formas artesanais de manifestação artística, assim como a música e a literatura, continuarão a se mover num terreno, para elas, conhecido. Prosseguirão de alguma maneira transpondo metaforicamente, através de suas respectivas linguagens, o fado de permanecermos uma nação que não atingiu os patamares mais altos de desenvolvimento político, econômico e social; uma nação sob muitos aspectos culturalmente reflexa, injusta, onde a distribuição de renda é das mais iníquas do planeta. Prosseguirão remoendo a memória do período colonial, quando vimos nossas riquezas naturais serem carregadas para dar brilho a sociedades que ficavam do outro lado do mundo. Guardarão dessa época, ainda que apenas como um eco, a lembrança de termos tido o direito à expressão controlado por uma metrópole retrógrada e decadente que nos inflingiu uma série de atrasos desastrosos, como a proibição, até 1808, de que tivéssemos imprensa e tipografia. Cada uma dessas formas de expressão dará continuidade, por meio de sua tessitura particular, ao registro de que, mais tarde, já como país independente, estivemos sempre gravitando em torno de alguma potência, freqüentemente compelidos a atender a interesses que eram mais os delas do que os nossos. Seguirão sintonizadas com seu tempo, isso faz parte de sua natureza, a refletir-lhe as mudanças tendo sempre presente o compromisso de forjar uma identidade cultural que equilibre núcleos de resistência, digamos assim, com o fascínio pelos hábitos, pelos valores e pela produção artística, científica e intelectual das nações dominantes do primeiro mundo. Nesse rumo, prosseguirão empenhadas na construção de uma cultura original que exprima verdadeiramente nosso país e que se ofereça como alternativa, apontando saídas de dimensão universal.

Talvez possa se arriscar a hipótese de que, para essas formas de manifestação artística de essência predominantemente artesanal, o último obstáculo grave a ser transposto tenha sido o das ditaduras que tanto a direita quanto a esquerda impuseram a boa parte do mundo, entre as décadas de 20 e 80, cerceando o pensamento e a imaginação. A partir daí, conquistaram grande liberdade e seus respectivos domínios tornaram-se extraordinários viveiros potenciais de invenção.

Com efeito, se considerarmos que um dos pressupostos para sustentação do mundo globalizado é a quantidade: quantidade de recursos financeiros, quantidade de produtos, quantidade de usuários, quantidade de regiões a serem atingidas pelo comércio internacional e conseqüentemente quantidade de trocas econômicas, vamos entender porque as formas artesanais de expressão deixam de ocupar um lugar estratégico. Os pequenos volumes, próprios desse modo de produção, não atendem aos interesses da economia globalizada. Sendo assim, manifestações culturais que em tantos momentos da história do mundo civilizado foram duramente censuradas passam a experimentar uma liberdade que, por outro lado e em proporção inversa, se estreitam consideravelmente quando o que está em questão são as formas artísticas concebidas para reprodução em larga escala, através de meios industriais e eletrônicos, porque essas sim, integram o raio de interesse dos negócios que se fazem à sua volta e dos lucros que são capazes de proporcionar. Como nosso tema é o design, mais particularmente o design gráfico, deixemos de lado o cinema e a televisão, assim como as tecnologias de reprodução em larga escala da música popular, lembrando apenas que as matrizes produzidas nesses setores sofrem interferências semelhantes àquelas que iremos examinar, aplicadas ao design.

Sabemos todos que esta dinâmica à qual tem se dado o nome de globalização não passa, na verdade, de um ajuste a nossos tempos das tradicionais formas de dominação a que o mundo rico sempre submeteu o mundo pobre, estando construída, portanto, em torno dos interesses dos países que detêm o poder na disputa da política e da economia internacionais. Vistas por esse ângulo as coisas também não mudaram muito. Ou melhor, recentemente até mudaram, e para pior, na medida em que se perderam as referências antitéticas, digamos assim, representadas pela presença do sistema socialista nessa dinâmica. Essa mudança impregnou com uma espécie de sofreguidão avassaladora a compulsão que os países ricos sempre tiveram em submeter os países pobres a suas conveniências. Na verdade, aceito o pressuposto de que passamos todos a viver num mundo que desconhece fronteiras, no qual a mercadoria e o capital circulam sem muitos entraves, permanecem as questões de sempre, questões éticas, estéticas, questões políticas e econômicas, questões cuja natureza dizem respeito ao Direito Internacional, questões puramente comerciais, questões que integram o âmbito do social. Quem compra de quem e em que circunstâncias? Onde se produz, como e com que recursos e vantagens? Quais são os direitos e quais são os deveres entre os parceiros, na simulação da reciprocidade econômica?

As respostas a essas perguntas constituem a trama do delicado equilíbrio diplomático que sempre moldou a relação entre países ricos e países pobres e, também sob esse aspecto, tudo fica mais ou menos como sempre esteve. Ou seja, permanece a mesma ordem na qual apenas a lucidez política, a competência técnica e diplomática, desferidas no momento exato, conseguem abrir os pequenos espaços de proteção aos interesses políticos e econômicos das nações periféricas, entre as quais se encontra o Brasil. Observando apenas dois aspectos dessa dinâmica, o relativo às matérias-primas e o relativo à taxação de produtos, fica evidente a arbitrariedade de uma lógica resultante de interesses que não nos beneficiam.

De fato, as matérias-primas, recursos nem sempre renováveis em que se apóia boa parte da economia dos países periféricos e que continuam cada vez mais vitais para o andamento da fabricação de um sem-número de produtos no primeiro mundo, são sempre, sistemática e metodicamente, desvalorizadas pelos dispositivos que regem o comércio internacional. A mecânica de taxação de produtos segue o mesmo caminho. Colocam-se todos os entraves para que mercadorias brasileiras, por exemplo, não possam competir em igualdade de condições nos países ricos do centro capitalista. Como o design de uma maneira geral, o design gráfico, em particular, reagem no Brasil a essa ordem de coisas?

O design nasceu da necessidade que a sociedade industrial sentiu, mais precisamente na Europa, em meados do século XIX, de criar mecanismos que pudessem dar nexo ao novo modo de produção de objetos e informações. É quando surge o projeto industrial, ou seja, o meio através do qual um novo especialista, o designer, passa a controlar o processo que vai da concepção do produto a seu uso.

A nova profissão custou um pouco a aprumar. Antes que isso ocorresse na Alemanha em 1919, com a criação da Bauhaus, muitas divergências teóricas ocuparam boa parte do pensamento e da energia tanto dos detratores dos processos de fabricação industrial quanto de seus defensores. Foi justamente a partir da extraordinária ação da Bauhaus como instituição de ensino que as peças se encaixaram em seus lugares, ordenando noções até então dispersas. Naquele momento, em plena ascensão das idéias socialistas e como decorrência da vitória da Revolução Russa de 1917, pairava no ar a utopia da criação de uma sociedade da qual surgiria um novo indivíduo: melhor, mais livre, mais digno e mais informado. Na perseguição desse objetivo arquitetos, urbanistas e designers, principalmente na Europa, formaram uma espécie de vanguarda humanista que pretendia, através justamente do projeto, chegar à formulação de um ambiente construído que propiciasse pleno desenvolvimento para os homens e às mulheres do século que começava.

No entanto, a euforia experimentalista não durou muito. Já na década de 30 a associação do design a valores de cunho humanista começou a ser substituída pela ideologia da venda. Com a mudança da tônica instalou-se uma mudança de perspectiva. A tal ponto que atualmente a associação entre *marketing* e design passou a ser tão corriqueira quanto a associação, numa moeda, entre cara e coroa. No caso específico do design gráfico, não há praticamente solicitação de trabalho que não pressuponha uma abordagem de venda e os próprios designers já introjetaram mais essa necessidade de desempenho, entre tantas a que têm sido regularmente submetidos. No entanto a venda, em design, sempre foi a conseqüência de um projeto bem resolvido no plano do conceito e da fabricação, nunca uma finalidade em si mesma. Até porque a função do design é projetar produtos enquanto a função do *marketing* é, basicamente, vendê-los. As duas atividades representam etapas diferentes e complementares do processo através do qual um produto é concebido, fabricado e distribuído.

Para o designer, até muito recentemente, o atendimento do usuário tinha a mesma relevância que o atendimento do cliente e o domínio do aparato tecnológico disponível para a realização do projeto. E o profissional de design era treinado para conciliar os dados representados pelas necessidades da encomenda, os dados representados pelas necessidades do uso com aqueles representados por suas próprias necessidades de autor, isso tudo nos limites dos recursos financeiros disponíveis e da tecnologia indicada para a fabricação do projeto. Esse equilíbrio que já vinha se rompendo desde o final da década de 40, mais ou menos, com a prática do *styling* que os americanos inventaram e difundiram, chega ao ápice de sua fratura com a globalização, quando tudo passa a se traduzir em troca econômica, ocupação de mercados e incentivo à venda de um número cada vez maior e mais diversificado de produtos, muitas vezes, perfeitamente inúteis. Por outro lado, quanto maior o investimento e os interesses financeiros envolvidos num produto ou sistema de produtos industriais, maior o controle sobre sua concepção e realização e maior o cerceamento à liberdade do designer que tende a passar de autor a mero executante de um conjunto de decisões que freqüentemente fogem de seu controle e com as quais nem sempre está de acordo.

No que se refere ao design gráfico esta situação é particularmente aguda no Brasil na medida em que a atividade não conseguiu ocupar o espaço que lhe cabe, ficando sempre um pouco a reboque do *marketing* e da publicidade, profissões que também atuam na área da comunicação, que estão há muito mais tempo no mercado e cujo universo é familiar à cultura de nossos empresários o que, infelizmente, não ocorre com o design gráfico.

Nos países do primeiro mundo, onde o design já se incorporou ao cotidiano e onde seu papel e importância tem tendido a aumentar não só como disciplina de projeto e como atividade de planejamento mas também como metodologia para a abordagem de problemas, de uma maneira geral, a pressão para que seja usado como instrumento de venda é contrabalançada por um uso mais consciente de suas possibilidades. No Brasil, no entanto, o quadro é outro. Não só a atividade é pouco conhecida como tem sofrido as conseqüências de um certo colonialismo, muito presente entre nós, e que se manifesta através da desvalorização dos designers locais, ultimamente preteridos nos trabalhos de grande porte para dar lugar às multinacionais do setor que, pouco a pouco, começam a se instalar aqui, com certo sucesso.

Num contexto globalizado, no entanto, em tese, nem mesmo em países periféricos como o nosso tudo são perdas. Uma vantagem trazida pela chegada das multinacionais do design gráfico está sendo a possibilidade de recolocação dos preços do projeto que andavam incrivelmente depreciados. Depreciados pela desinformação do mercado em relação à profissão e suas possibilidades; depreciados pelas expectativas que cercam os computadores como instrumento a serviço do barateamento da atividade de projeto e da produção de originais; depreciados pela ausência de espírito de classe que defina limites de conduta ética; depreciados pela falta de uma orientação de caráter institucional incisiva que responda a questões de ordem eminentemente práticas. Resta saber se, na atual ordem econômica globalizada, em face do notório deslumbramento brasileiro pelo primeiro mundo, nossos empresários estarão dispostos a dispender com nosso trabalho as mesmas cifras que não hesitam em gastar com nossos colegas estrangeiros.

Por enquanto, as mudanças que a globalização trouxe para a prática do design gráfico no Brasil não parecem ser muito auspiciosas. Repetindo, no plano da luta pela sobrevivência, os profissionais brasileiros têm assistido, como vimos, um mercado, ultimamente nada receptivo à sua intervenção, abrir-se às multinacionais do design gráfico, na faixa dos trabalhos de grande complexidade. No plano da expressão, têm tido sua liberdade cada vez mais controlada, na medida em que, como se mencionou mais atrás, esses profissionais atuam no terreno estratégico das grandes quantidades e dos grandes lucros onde as interferências do capital sobre a criação são muito grandes. No plano cultural, passaram a lidar com o paradoxo de ter de atender a uma expectativa estética comprometida com as linhas dominantes de um estereótipo cujos contornos vêm de fora, cientes, no entanto, de que no contexto das trocas internacionais apenas terão sucesso aqueles produtos que articularem de maneira original traços que sejam próprios da cultura brasileira. Onde, portanto, apoiar o crivo da diferença, tentando, a partir dela, definir um produto particular? Lembremos apenas três dentre as bases sobre as quais poderia se apoiar uma possível particularização dessa cultura: consciência da mistura étnica, da tolerância religiosa e a propensão a acolher o estrangeiro.

Com efeito, numa época em que a xenofobia, as lutas religiosas e fratricidas chegam na Europa ao paroxismo, em que os Estados Unidos mantêm latente a violência entre brancos e negros, o Brasil, até por força da comparação, se torna cada vez mais atento ao fato de que entre os traços mais positivos de sua identidade estão a propensão à miscigenação, a tolerância à presença do estrangeiro e o respeito à diversidade religiosa. Lentamente o país começa a despertar para a compreensão de que parte de sua força repousa no fato de se constituir num amálgama de raças onde além da trindade responsável pela mistura inicial, o branco, representado pelo português, o negro, representado pelo africano e o índio, somam-se toda sorte de imigrantes europeus, árabes e asiáticos, de tal forma que pode-se afirmar que a realidade descrita por Gilberto Freire em *Casa-grande & Senzala* já não existe mais. A situação atual é outra, mais complexa e mais rica.

Não nos deixemos levar, no entanto, pelo irrealismo de achar que vivemos num paraíso racial. O preconceito no Brasil existe e é odioso. Mas aqui, as formas de que se reveste são de caráter mais social do que propriamente racial e se concentram em torno da questão do negro. De qualquer forma, nos mantendo nos limites deste terreno, não custa nada lembrar algumas atenuantes. Há cerca de quatro anos nosso atual presidente da República declarou-se consciente de sua ascendência africana. Embora não seja o único presidente da República mestiço que o Brasil tenha tido, foi o primeiro que demonstrou ter consciência do fato, fazendo questão de torná-lo público. Outro dado nada desprezível, nesse universo de sintomas, foi a iniciativa de um dos governos militares de admitir oficialmente, estampado em seu papel-moeda, que a formação étnica original do brasileiro resulta da mistura do índio, do branco e do negro.

Quanto à questão do imigrante, como todos sabemos, sua presença foi vital para o Brasil, contribuindo com seu trabalho e seus costumes para o desenvolvimento industrial e agrícola, principalmente dos estados do sul e do sudeste. E disso nossa história sempre fez registro e esteve consciente. Mesmo nos dias que correm, em que o novo mundo não se constitui mais na zona das oportunidades que chegou a ser até um tempo atrás; em que a competição pelo trabalho se acirra por toda parte, inclusive aqui, nós brasileiros não demonstramos em relação aos que continuam chegando o preconceito desabrido que têm caracterizado, por exemplo, a relação dos países ricos da Europa com os imigrantes que os procuram. Pelo menos neste setor continuamos a nos mostrar homens e mulheres cordiais, e em média, mais solidários com nosso semelhante do que a maioria dos outros povos. Finalmente, no tocante à religião, temos demonstrado, como norma, mais respeito e tolerância diante da diferença, do que boa parte do resto do mundo. De uma maneira ou de outra essas três linhas de conduta: o paulatino reconhecimento da mestiçagem, a tolerância religiosa e a incorporação do imigrante se refletem no modo de ser do brasileiro médio, impregnando suas formas de relacionamento.

A digressão acima pretende repisar a idéia de que qualquer forma de manifestação cultural atende melhor às necessidades de expressão da personalidade profunda de um determinado povo se conseguir articular com originalidade os dados dele emanados. Esses dados, por sua vez, só alcançarão sentido e alcance universal se forem capazes de transcender os contornos de origem.

Para terminar, lembremos que o design gráfico é a linguagem que viabiliza o projeto de produtos industriais na área gráfica possuindo flexibilidade e recursos inumeráveis para transmitir com eficiência as informações que lhe são confiadas. Sendo assim, cabe aos designers gráficos a responsabilidade de tentar conciliar os interesses nem sempre convergentes representados, de um lado, pela encomenda, de outro, pelo uso. Cabe aos designers, sempre no âmbito do projeto, tentar administrar os excessos causados por uma dinâmica cujo objetivo é transformar tudo em mercadoria. Cabe aos designers, o compromisso de reatualizar permanentemente as tradições culturais de seu país, resistindo à homogeneização característica da economia globalizada com as armas que sua técnica profissional e sua intuição lhe oferecem de transformar, através do projeto, o particular em universal. Cabe aos designers brasileiros, por fim, lutar contra a pressão crescente que se faz sobre os países periféricos para que permaneçam abúlicos e abram mão do direito de inventar, tornando-se meros adaptadores da invenção de povos econômica e politicamente mais poderosos.

O MARKETING **NO CAMPO DO DESIGN**

Em qualquer projeto de design nunca é a linha reta que conduz o profissional do conceito à fabricação. Entre a proposta intelectual e sua metamorfose em dado concreto costumam ocorrer inúmeras interferências que tanto podem atuar como ajustes do trabalho, levando a seu aprimoramento, como, ao contrário, causar a dispersão de suas possibilidades iniciais. Nos casos em que estão em jogo interesses financeiros importantes e um público muito extenso, por exemplo, o desejo do cliente e das instâncias que costumam falar por ele, como agências de publicidade e especialistas em *marketing*, podem interferir de forma decisiva no processo, nem sempre direcionando a solução para sua melhor alternativa no plano do projeto. Quando isso ocorre, o designer passa de parceiro a mero executante de decisões com as quais pode, inclusive, não estar identificado. Essa situação é muito comum no Brasil onde o design ainda não conseguiu definir seu campo com nitidez. Sendo assim, acabam por ditar as normas e atividades mais solidamente plantadas no mercado, também ligadas ao universo da comunicação entre as empresas, seus produtos e os públicos a que se dirigem. Ora, considerando que o design tem como função, basicamente, o projeto de produtos enquanto o *marketing* e a publicidade estão comprometidos com sua venda, é evidente que a confusão entre as três áreas implica desorganização do campo do mais fraco.

De fato, o que tem-se observado é a influência crescente do *marketing* e da publicidade sobre o design, principalmente sobre o design gráfico. Essa influência pode ser sentida no uso de um certo jargão, nas formas de abordagem, encaminhamento e solução de problemas, na maneira de tratar o usuário, de tal modo que o que passa a predominar é o compromisso com a venda e não mais com o atendimento de necessidades específicas a serem abordadas por meio das metodologias de projeto, próprias do design. No tocante ao jargão, usuário perde espaço para consumidor e exposição do problema vira *briefing,* para citar apenas dois casos. Quanto à forma de abordagem, em lugar do levantamento e da análise de dados, por exemplo, etapas que deveriam anteceder qualquer projeto, o que se espera é que o designer parta diretamente para o trabalho e apresente várias soluções viáveis, no menor espaço de tempo, para que o cliente escolha a mais afinada com seu gosto, com a imagem que faz de seu público ou que melhor atenda às pesquisas de mercado, sem as quais dificilmente se tomam decisões no setor que estamos focalizando, nos casos de trabalhos de médio porte para cima.

A penetração do *marketing* no campo do design, no entanto, não é um fenômeno que se verifique apenas no Brasil. Trata-se na verdade de uma tendência universal que atua mais vigorosamente nas regiões onde a cultura própria do design ainda não se sedimentou. Com efeito, nos dias que correm, pode-se observar a crescente presença do *marketing* em quase tudo: no espaço urbano, no corpo de artistas, de atletas, de manequins; nos carros de corrida, nos estádios esportivos, nos impressos que veiculam realizações do setor cultural, para lembrar apenas algumas possibilidades. Interessante, no entanto, é a variação assumida por essa tendência. No que se refere ao uso do espaço urbano, nos países ricos, localizados no centro do sistema capitalista, a legislação costuma impor uma certa ordem à exposição das mensagens publicitárias e promocionais. Para os brasileiros que têm a possibilidade de visitá-los, é sabido que uma das experiências mais agradáveis nessas viagens é, justamente, a de passear pelas ruas. Lá, a impressão que se tem é de que tudo está disposto em função do conforto e da conveniência dos cidadãos e de que o espaço urbano não é concebido como um lugar destinado, primordialmente, à venda de produtos e de mensagens mas sim como possibilidade de moradia, trabalho e convivência. Por isso, as cidades do mundo rico exibem uma organização mais racional de seus serviços, bairros e setores sujeitando o interesse de poucos ao benefício da maioria e evitando, assim, que se ponha excessivamente em risco o que se convencionou chamar qualidade de vida.

Na dinâmica cruel do capitalismo, no entanto, ao invés de um certo grau de controle das informações voltadas para a venda, os países da periferia parecem ter sido condenados a receber toda a sobrecarga gráfica de produtos que, em seus países de origem, como vimos, tendem a ter a exposição policiada. Por sua vez, a produção de informações originadas na periferia, destinada, da mesma maneira, à difusão dos serviços e dos produtos locais, junta-se ao que vem de fora para também reclamar seu espaço. O resultado é o caos visual, a ruidosa disputa entre informações, a briga pelo olhar. Nada mais deprimente, por exemplo, do que a disposição de estímulos de venda nas zonas comerciais dos grandes centros brasileiros destinadas ao público de baixa renda. A sucessão infindável de letreiros malfeitos e de péssimo gosto convive, estrepitosamente, com toda sorte de promoções e anúncios de produtos, numa coreografia absolutamente letal para quem seja dotado de um par de olhos e de um mínimo de bom senso.

No setor da produção cultural as coisas não se passam de maneira muito diferente. Exemplo disso é a maneira como são concebidos cartazes e folhetos aqui e em regiões como a Europa, a América do Norte e o Japão. O primeiro mundo apresenta uma produção incessante de impressos informativos e promocionais para espetáculos de dança, teatrais, cinematográficos, líricos; para concertos, shows musicais, lançamentos editoriais, campanhas cívicas, educativas. No entanto, raramente se é agredido, nessas peças, pelas marcas das entidades patrocinadoras. No Brasil, nesse mesmo setor, há cartazes em que o espaço reservado para símbolos e logotipos pode chegar a 1/4 de sua área total, expondo um tal acúmulo de empresas de alguma forma ligadas ao evento, que o efeito acaba resultando no oposto do desejado, já que o excesso torna difícil a identificação dos patrocinadores. Além do que, pensando nas incumbências do designer, não há imaginação gráfica que vença o teste desse exagerado engajamento à idéia de que todo espaço deve ser concebido como espaço de venda.

Quanto ao uso do próprio corpo como *outdoor*, justiça seja feita, não existe muita diferença entre o comportamento dos que dispõem dele dessa forma aqui e lá fora. Todos se apresentam com o indefectível bonezinho identificado com os dados do patrocinador; todos usam as mesmas jaquetas, abrigos e camisetas que remetem às marcas com as quais têm contrato. As mensagens publicitárias nos carros de corrida e nos estádios esportivos também se comportam mais ou menos da mesma maneira no mundo rico e no mundo pobre. Em suma, parece claro que no atual estágio em que se encontra o sistema capitalista, o conceito de cidadão se confunde com o de consumidor. De tal forma que para os países ricos, condenados à contínua ampliação de mercados para os produtos que não podem parar de produzir, as regiões da terra se apresentam como regiões com maior ou menor potencial de consumo. Sob esse prisma, somos uma nação privilegiada. Possuímos perto de 160 milhões de consumidores potenciais. Nada mau como terreno estratégico para quem detém o controle do fornecimento de serviços e de produtos.

Por isso tudo, talvez fosse oportuno sublinhar a diferença que existe entre os dados que são estruturais à atividade, e portanto permanentes, e aqueles que são circunstanciais e, portanto, transitórios. O design tem a função de projetar produtos para a reprodução em larga escala. Desde o momento em que a atividade foi sistematizada, mais precisamente na Bauhaus, na primeira década do século XX, sua função emergiu com bastante clareza resolvendo definitivamente uma questão que se arrastava há cerca de cinqüenta anos e que, além de muita disputa conceitual produziu uma farta literatura sobre a interferência da indústria na arte e na sociedade. Como é amplamente conhecido, o modo industrial de produção trouxe extraordinárias transformações econômicas e sociais. Com seu advento, mudaram as tecnologias de fabricação de objetos, as formas de circulação e de uso das mercadorias, as relações de trabalho e as normas estéticas. Por sua vez, a migração das populações do campo para as cidades, ocorrida na Europa a partir principalmente do princípio do século XIX, propiciou a formação de novos públicos e aumentou o número de usuários, para os produtos fabricados pelos novos processos. Todo esse movimento desembocou na ascensão das idéias socialistas, que se cristalizaram na Revolução Russa de 1917.

Nesse contexto, o design nascente estabeleceu seu primeiro compromisso com o novo homem que surgiria da sociedade em gestação. Arquitetos, urbanistas e designers, principalmente na Europa, projetavam e sonhavam. Sua meta era uma ordem social e econômica onde prevaleceriam os valores decorrentes da fraternidade e da igualdade. Nesse mundo utópico, o design teria a função de gerar conforto, ordem, beleza e informação, facilitando os movimentos do cotidiano. No rastro desse ideal, foram projetados novos alfabetos, para registrar melhor a filosofia dos tempos que começavam; novos livros, nos quais a relação entre palavra e imagem subvertia o conceito tradicional de leitura; novos sistemas de mobiliário, onde o corpo conquistava posturas menos hieráticas; novos utensílios domésticos, mais fáceis de manusear, limpar e guardar.

Porém, a experimentação, como norma, durou pouco. Ainda no correr dos anos trinta, o compromisso do design com valores de fundo humanista começou a se esgarçar. Suas inegáveis virtudes vendedoras se impuseram e passou-se a fazer dele um aliado poderoso, na conquista dos mercados cada vez mais amplos e diversificados, montados pela reconstrução do pós-guerra.

Diante desse quadro, não teria cabimento que o profissional de design rejeitasse a inelutável permeação da atividade pela ideologia da venda, mesmo porque ela passou a se impor como condição de trabalho. Mas também não seria razoável que embarcasse de maneira acrítica num rodamoinho que, embora tudo leve a crer, seja circunstancial, pode continuar fustigando por bom tempo.

A esse respeito e para evidenciar sua especificidade, lembremos que, dadas as diferenças estruturais que o distinguem da publicidade e do *marketing,* o design funcionou perfeitamente em sistema socialista, onde, no entanto, seria impensável a presença das outras duas atividades. Ou seja, em economias onde o mercado não se baseava no pressuposto da livre competição, mas que possuíam indústria ativa, o design atuou em muitos setores pela simples razão que, instituído o modo industrial de produção, surge a necessidade de projeto para resolver no plano estrutural e do significado os objetos e informações por ele produzidos. No momento da distribuição, no entanto, quando o produto é levado ao usuário, as técnicas de venda e de persuasão perdem sentido, nas regiões onde vigorava o planejamento central da economia.

Na atual República Tcheca, na Polônia, na Hungria e, mais recentemente, em Cuba, até a queda do muro de Berlim florescia uma extraordinária produção na área do design gráfico representada, principalmente, por impressos de cunho cultural e educativo. Os cartazes poloneses e tchecos, por exemplo, fizeram escola e, até hoje, se situam entre os melhores, mais expressivos, originais e eficientes da produção mundial.

Portanto, voltando ao início do raciocínio, nos países em que o design ainda não se impôs como instrumento de projeto e de planejamento, existe o risco de que seus pressupostos sejam embaçados pelos de atividades como o *marketing* e a publicidade, mais aceitas e utilizadas pelo mercado capitalista em países como o nosso. Sendo assim e, considerado o contexto, é preciso que se pare, de vez em quando, para refletir um pouco sobre a natureza das tensões sob as quais o designer brasileiro tem atuado, tentando não perder de vista nem a origem nem a essência da profissão. É preciso que se encare o design como uma atividade na qual a venda é conseqüência de um projeto corretamente conceituado, fabricado e distribuído, e não uma finalidade em si mesma. E, mesmo admitindo que a fronteira entre os desígnios do projeto e os desígnios da venda tenham se tornado tênues, é necessário apreender as nuances para que se possa continuar a caminhada sem perda da direção principal.

IDENTIDADE E LEGIBILIDADE NO PRODUTO GRÁFICO

Para o design gráfico praticamente todas as questões se apresentam como questões de identidade e como tal devem ser abordadas, encaminhadas e resolvidas.

De fato, enquanto noção e objetivo a ser alcançado a identidade pode ser considerada uma constante no cotidiano de trabalho do designer gráfico. Tentando situar-se em relação a ela, entendê-la e destrinchá-la, o profissional vive seu processo de criação movendo-se no interior de uma verdadeira rede de identidades superpostas e interagentes. De tal forma que o nível de seu desempenho depende, em grande parte, do grau de capacidade que demonstre de resolver questões que, no fundo, não passam de questões de identidade, nos vários planos em que elas se colocam a cada trabalho.

Com efeito, para projetar com competência, o designer precisa, antes de mais nada, processar os dados de sua própria identidade, esquivando-se dos atalhos conhecidos, trilhados por ele mesmo ou pelos colegas de profissão. Precisa se empenhar em fazer de cada nova encomenda uma possibilidade para o surgimento de processos associativos originais; agregar ao olho dados dos códigos visuais vigentes tanto para tentar compreender as razões de sua aceitação quanto para decidir em que medida devem ser transgredidos. Além do mais, seja qual for a natureza do problema gráfico que se apresente, o designer terá que solucioná-lo atendendo aos dados da identidade da empresa e de seus produtos; aos dados da identidade do empresário para o qual estiver trabalhando; aos dados da identidade do público que pretende atingir e, repetindo, aos dados de sua própria identidade de profissional. Sendo assim, questões de natureza tão diversa entre si como o projeto de um símbolo comemorativo, de um cartaz para um evento cultural, de um livro, de um sistema de sinalização para um aeroporto ou o discurso visual de uma exposição estarão, sempre, exigindo do designer o equacionamento de questões de identidade. E, embora cada uma dessas áreas de projeto deva ser abordada como campo singular, todas têm, como dado comum, o propósito de identificar visualmente os produtos nela inseridos de modo a torná-los únicos e diferenciados. Na realidade, para o design gráfico, a identidade visual de um produto é tão relevante quanto sua função, identidade aqui entendida como forma final, resultado de decisões de caráter tecnológico, estético e mercadológico, como conjunto de relações que exprimem apenas aquele sistema de informações, nenhum outro.

Existe uma área do design gráfico a que se dá o nome de Identidade de Empresa ou Identidade Corporativa, na qual a solução dos problemas obedece a uma série de procedimentos que constituem quase que um modelo de abordagem às questões gráficas, de maneira geral. Este setor concentra aqueles trabalhos cuja função principal consiste em definir visualmente o perfil de uma dada empresa e de seu produto, tanto para o público interno, constituído pelos funcionários, quanto para o público externo, constituído pelos usuários. A elaboração de um programa de identidade visual para empresas pressupõe a compreensão de uma dada organização em seus aspectos estruturais, em seu desempenho, em seus objetivos estratégicos. É através do projeto que o designer tem a oportunidade de exprimir essa compreensão, atendendo ao leque de necessidades levantadas, individuando a empresa e seu produto e contribuindo decisivamente para a construção de um espaço particular, restrito a eles. Esse espaço único, diferenciado, é o lugar da identidade e precisa ser definido com clareza pois é nele que as mensagens se organizam e adquirem sua singularidade. E talvez não exista melhor instrumento que o design gráfico para definir a identidade de uma empresa, de um produto, de um evento, de uma publicação ou de um espaço coletivo, em sua interface de comunicação com o usuário.

Esse processo de individuação, digamos assim, atua como valor agregado, como precioso agente difusor pois, na medida em que a empresa e o produto se destacarem no universo de sua concorrência, seja através da qualidade de seu desempenho, seja através da qualidade de seus programas de comunicação, estará mais apta a sensibilizar seu público.

No caso das obras de texto, que integram o setor do design editorial, como se resolveria a combinação entre os aspectos da legibilidade e os aspectos da identidade gráfica, necessários à construção do produto?

Em se tratando de obras de texto, de maneira geral, do livro, em particular, a principal questão a ser enfrentada pelo designer é, sem dúvida, a da legibilidade. É em função dessa condição básica que o produto deve ser abordado e, ao persegui-la, o

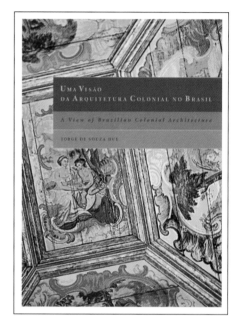

LIVRO
ARQUITETURA COLONIAL NO BRASIL
TEXTO E ORGANIZAÇÃO JORGE HUE / 1999

PROJETO / 19 DESIGN / 1999
FOTÓGRAFOS / JOSÉ DE PAULA MACHADO / NELSON MONTEIRO
CLIENTE / EDITORA AGIR

PÁGINA DE ROSTO

DIVISÓRIA DE CAPÍTULOS

47

designer deverá conciliar os imperativos da legibilidade com os da identificação gráfica, concebendo um projeto que leve em conta o estilo do texto, o perfil da casa editora e as características básicas do público ao qual o livro se destina.

Poderia-se encadear, pela ordem, as seguintes etapas no projeto de um livro;

1. a escolha do tipo, que é função do tamanho do texto, de seu estilo e do assunto abordado;

2. a definição do corpo, dos espaçejamentos entre os caracteres e das entrelinhas, que é função do tamanho do texto e do desenho do tipo;

3. a definição da mancha, que é função do tamanho do texto;

4. o estabelecimento de um diagrama, que é função da natureza do texto.

O diagrama de um livro deve atender a todas as variantes exigidas, de um lado, pelas características do texto, de outro, pelas características da edição. É através do diagrama que se definem a mancha tipográfica e o comportamento do livro como objeto e, portanto, como um todo coeso e interligado, assim como dos setores que o compõem: das páginas preliminares (falso rosto, rosto, dedicatória, índice); das aberturas de capítulo; da numeração, titulação e intertitulação; da inserção de fotos e ilustrações com suas respectivas legendas; das páginas finais e do colofon.

Resolvido o miolo chega o momento da abordagem da capa que deverá traduzir o teor do texto e também refletir a linha gráfica da editora, incorporando elementos do repertório do público ao qual o livro se destina.

O projeto de um livro pode se colocar como uma das aventuras mais instigantes do design gráfico justamente pela possibilidade que oferece de combinar as exigências da legibilidade, que mira o alvo da moderação gráfica, com a tarefa de identificar o produto, que pressupõe uma boa dose de criatividade e abre o caminho para a experimentação. O designer que pretender ser um bom projetista de livros deverá exercitar com afinco a imaginação além de demonstrar a segurança técnica necessária para dar conta de uma certa aridez, presente em qualquer obra em que o texto seja o dado predominante. Só assim chegará a conciliar as duas condições essenciais à dinâmica da expressão, em design gráfico: a disciplina que conduz à nitidez precisa do traçado, com a audácia, que empurra para as incertezas da invenção.

ÍNDICE

No Estado de São Paulo pouco restou da grandeza passada. Após o período de expansão provocado pelas incursões dos bandeirantes, com a descoberta do ouro nas Minas Gerais, e com o desvio do tráfego pelo porto de Parati e o caminho novo que ia direto ao Rio de Janeiro, São Paulo sofreu profunda estagnação. A região de São Roque abriga exemplos fantásticos do período colonial. A primeira fundição no Brasil, situada na Fazenda Ipanema, e a Capela de Santo Antônio são exemplos de força e de inventividade. Construída ao lado da casa da fazenda pelo capitão Fernão Paes de Barros, a capela recebeu sua provisão em 1681. É o único exemplo no Brasil desse período que apresenta características tão diversas: a torre busca uma separação do corpo principal, com seu telhado apoiado sobre esteios, e a fachada principal totalmente fechada por esquadrias de madeira. Suas dimensões e adornos vão além do que se exige para uma capela de fazenda. Descoberta por Mário de Andrade numa de suas andanças, a capela em ruínas encantou-o a tal ponto, que resolveu comprá-la, doando-a ao IPHAN, que a restaurou.

Outro exemplo dessa época são as casas bandeirantes, onde se destaca a do Padre Inácio. Situada na região de Cotia, é uma casa típica desse período, chamada de casa de trama compacta, já descrita na introdução.

O Mosteiro da Luz, atual Museu de Arte Sacra, construído por Frei Antônio de Sant'Ana Galvão em 1774, é um dos mais importantes monumentos arquitetônicos coloniais do século XVIII. Sua técnica de construção é a taipa de pilão. Foi tombado pelo IPHAN em 1943.

No início do século XVIII se estabelece em Paranaguá o Colégio dos Jesuítas. A construção do convento se dá entre 1740 e 1755. Quatro anos depois, a ordem é banida do país por decreto de Dom José I, inspirado pelo Marquês de Pombal. Construído em pedra, hoje abriga o Museu de Arqueologia e Etnologia da Universidade Federal do Paraná.

Os Sete Povos das Missões (São Francisco de Borja, São Nicolau, São Luís Gonzaga, São Miguel Arcanjo, São Lourenço Mártir, São João Batista e Santo Ângelo Custódio) foram reduções jesuíticas e guaranis instaladas em território hoje brasileiro. Os Sete Povos chegaram a ter 30.000 habitantes vivendo em comunidades e desenvolvendo atividades agrícolas. A redução de São Miguel Arcanjo é fundada primeiramente no Tape, em 1632, mas é constantemente atacada pelos bandeirantes em busca da mão-de-obra escrava. Procurando refúgio, eles se deslocam na margem oriental do rio Uruguai. Só em 1687 é fundada no atual sítio e seu templo definitivo foi construído entre 1735 e 1744.

O Tratado de Madri, de 1750, obriga as missões a se deslocarem para a Colônia de Sacramento, gerando uma guerra de 1754 a 1756. Com a expulsão dos jesuítas do país, passam a ser administradas pelos espanhóis e depois pelos portugueses, iniciando-se então a sua decadência. Restam-nos, porém, na sua solidão portentosa, as ruínas, testemunho dessa saga.

SÃO PAULO
PARANÁ
RIO GRANDE DO SUL

SÃO MIGUEL / RS / DETALHES DE ESCULTURAS DE ARTE MISSIONÁRIA EXECUTADAS EM MADEIRA POLICROMADA

São Miguel / RS / Details of missionary sacred art sculptures executed in polichromatic wood.

In the state of São Paulo little remains of its great past. After the period of expansion caused by the explorers' raids, when gold was discovered in Minas Gerais and the traffic was diverted through Parati port and the new path that went direct to Rio de Janeiro, São Paulo suffered profound stagnation. The region of São Roque harbors fantastic examples from the colonial period. The first foundry in Brazil, located in Fazenda Ipanema, and the Santo Antônio chapel are examples of strength and inventiveness. The chapel, officially recognized in 1681, was built beside the manor house by Captain Fernão Paes de Barros. It is the only example in Brazil from this period that presents such diverse characteristics: the tower tries to separate itself from the main body, the roof is supported upon beams, and the main façade is totally closed by wooden walls. Its dimensions and ornaments are much grander than what would be expected of an average plantation chapel. When Mário de Andrade discovered it during one of his excursions, he was so enchanted by the ruins of the chapel that he decided to buy it and donate it to the National Institute of Historic and Artistic Patrimony (IPHAN), that restored the chapel.

Another example from those days is the bandeirante house, of which Father Inácio's house is extremely important. Located in the region of Cotia, it is a typical residence of that period, known as a compact scheme house, as described in the introduction.

The Luz Monastery, currently the Sacred Art Museum, constructed by Brother Antônio de Sant'Ana Galvão in 1774, is one of the most important colonial architectonic monuments of the 18th century. It was constructed using the wattle and daub technique. In 1943 it was granted a preservation order by IPHAN.

At the turn of the 18th century the Jesuit School was established in Paranaguá. The convent was built between 1740 and 1755. Four years later the order was banished from Brazil according to a decree established by Dom José I, under the influence of Marquis of Pombal. Nowadays the stone building is now home to the Archeology and Ethnology Museum of Paraná Federal University.

The Seven Peoples of the Missions (São Francisco de Borja, São Nicolau, São Luís Gonzaga, São Miguel Arcanjo, São Lourenço Mártir, São João Batista e Santo Ângelo Custódio) were Jesuit and Guarani refuges founded in territory that is now Brazilian. At one time there were as many as 30,000 inhabitants living in the Seven Peoples' agricultural comunities. The São Miguel Arcanjo refuge was first founded in Tape in 1632, but it was constantly attacked by explorers in search of slave labor. Thus they moved to the eastern bank of the Uruguai river seeking asylum. The present site was only founded in 1687 and its definitive temple was built between 1735 and 1744.

In 1750 the Madrid Treaty forced the missions to move to the Colony of Sacramento, creating a war from 1754 to 1756. When the Jesuits were expelled from Brazil, the Spanish took over administration of the missions as did the Portuguese later on, thus initiating their decline. Nevertheless, we are left with the ruins, in their prodigious solitude, as a witness of this saga.

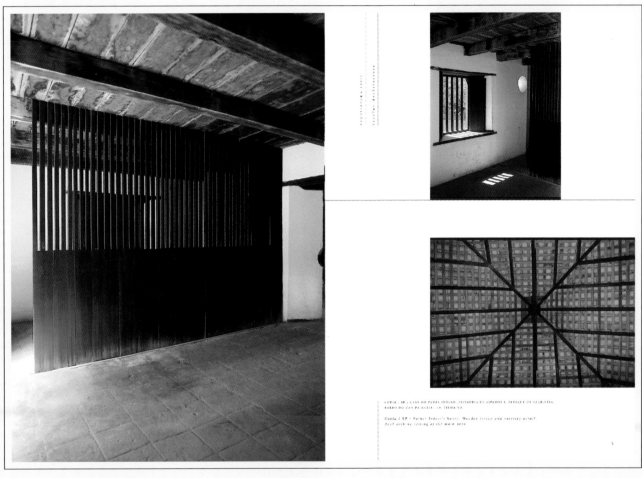

ARQUITETURA . 1995

Texto: Architecture

COTIA / SP : CASA DO PADRE INÁCIO. DIVISÓRIA DE ALPADOS E DETALE DA COBERTURA.
FORRO DO VÃO PRINCIPAL EM TELHA VÃ.

*Cotia / SP : Father Inácio's house. Wooden screen and ceiling detail.
Roof with no ceiling of the main area.*

ESPECIALIZAÇÃO DA ESPECIALIZAÇÃO

Sabemos todos que a especialização decorre da necessidade que têm as sociedades organizadas de atender aos diferentes grupos de questões colocadas pelo cotidiano de seus membros: questões de ordem religiosa, política, econômica; questões relativas aos domínios da saúde, da educação e da cultura. Quanto mais complexa uma sociedade, maior será o número de especialidades profissionais necessário para atendê-la; quanto mais avançado seu estágio, maior a tendência ao desdobramento incessante da especialização em campos cada vez mais particulares. O design gráfico, que representa uma especialização dentro do contexto do design, não foge a essa regra. Dentro de seus limites situam-se vários setores que também podem ser considerados áreas de especialização. A maneira como os designers gráficos se relacionam com esses sucessivos níveis de aptidão depende deles próprios: de seu talento, de sua técnica e, em boa parte, das características do contexto em que exercem sua atividade profissional.

No Brasil, a excessiva especialização dentro do campo do design gráfico talvez não seja prudente. Como o equilíbrio econômico do país sempre foi muito frágil é temerário para o designer gráfico confiar totalmente na estabilidade de um determinado segmento ou na demanda constante por uma dada área de produtos. Na verdade, as freqüentes oscilações do mercado fazem com que um setor que esteja bem hoje possa não estar amanhã, lançando na rua da amargura, de uma hora para outra, todos aqueles que se concentraram nele.

No final dos anos 80, por exemplo, com o fechamento da *Embrafilme* e a conseqüente desestabilização da produção cinematográfica no Brasil, os designers que

SISTEMA DE SINALIZAÇÃO
BARRA SQUARE SHOPPING
SINALIZAÇÃO INTERNA

PROJETO / 19 DESIGN / 1998
CLIENTE / GRUPO ATLÂNTICA
FABRICANTE / ENGEPLAC

haviam se especializado em identidade visual de filmes perderam seu espaço tendo enfrentado grandes dificuldades para abrir novos mercados. No Rio, ainda no âmbito dos trabalhos de pequeno para médio porte e, ainda, no decorrer da década de 80, foi nítido o deslocamento do fôlego financeiro das confecções e lojas revendedoras de roupa para o setor dos restaurantes, cafés e confeitarias. No tocante ao produto, entre as décadas de 70 e 80, certos designers gráficos fizeram sua reputação e seu pé-de-meia projetando capas de disco para os grandes nomes da música popular brasileira. No entanto, de lá para cá, não só encolheu o mercado como também o espaço físico de expressão. A troca do *long-play* pelo CD reduziu a cerca de um quarto a área disponível para o trabalho do designer que deixou de contar com a indústria fonográfica como veículo de projeção profissional e também como campo para ganhos financeiros significativos.

Segundo dados que correm, nos Estados Unidos, até alguns anos atrás, apenas os designers experientes que já tivessem adquirido algum prestígio podiam se dar ao luxo de projetar para qualquer área. Os principiantes precisavam, primeiro, identificar-se claramente com determinado segmento para se fazerem conhecidos. Sendo assim, o jovem designer tendia a se especializar, por exemplo, em projetos de embalagem para a indústria farmacêutica, na área da medicação infantil destinada a gripes e resfriados. E neste campo podia permanecer por bom tempo. Como norma, tal nível de especialização seria absolutamente impensável no Brasil.

Na verdade, trabalhar em segmentos diferentes pode ser extremamente estimulante e enriquecedor. O profissional que está habituado, suponhamos, a projetar livros, diante da contingência de resolver um sistema de sinalização para um *shopping center*, poderá fazê-lo de forma absolutamente original, contribuindo para um certo refrescamento da linguagem, neste setor. Para que isso ocorra, no entanto, é preciso que o designer em questão esteja munido não só de uma boa dose de talento como, também, da segurança técnica indispensável para transitar com tranqüilidade por áreas tão diferentes. E aí entramos no terreno da capacitação profissional. Grosso modo, o que se observa no Brasil a esse respeito é uma certa divisão de campos. De um lado estariam concentrados os "criativos", de outro, os "técnicos". Os designers "criativos" seriam aqueles condenados aos trabalhos de pequeno e médio porte e também aqueles destinados a atender a área da cultura que, supostamente, oferece maior liberdade de expressão. Os "técnicos" seriam aqueles voltados para os grandes projetos de identidade corporativa, embalagem e sistemas de sinalização, principalmente, nos quais a responsabilidade em contribuir para a multiplicação do lucro da empresa cresce na razão direta de dimensão dessa última. Os dois grupos de necessidades demandam aptidões diferentes e, de fato, não são muitos os profissionais brasileiros que parecem ser capazes de supri-las com igual competência. Até porque, sempre permanecendo no terreno das generalizações, as estruturas empresariais próprias de cada grupo tendem a ser diferentes. Os designers "criativos" costumam se organizar em equipes reduzidas valorizando sobretudo sua capacidade autoral. Os designers "técnicos" tendem a funcionar em equipes mais extensas privilegiando o desempenho comercial.

Portanto, especialização ou não-especialização, menos do que uma escolha voluntária, parece decorrer da configuração do mercado em que se atua profissionalmente, assim como da capacidade das equipes de projetarem com segurança para segmentos variados.

A grande aventura a ser lembrada, quando se defende a não-especialização, é a do escritório *Pentagram*. De origem inglesa e há vários anos com incisiva presença também nos Estados Unidos, dedicado não só ao design gráfico mas também ao design de produto e à arquitetura, entra ano, sai ano, o *Pentagram* continua a nos surpreender, a nos encantar com a alta qualidade de seu desempenho, com sua capacidade de renovação, com a pregnância da forma e a precisão dos conceitos que propõe a seus clientes, com a técnica perfeita e a espantosa criatividade com que soluciona os mais variados problemas de design, em qualquer área.

SISTEMA DE SINALIZAÇÃO
BARRA SQUARE SHOPPING
GLIFOS

PROJETO / 19 DESIGN / 1998
CLIENTE / GRUPO ATLÂNTICA

SISTEMA DE SINALIZAÇÃO
BARRA SQUARE SHOPPING
UNIDADE DE INFORMAÇÃO EXTERNA

PROJETO / 19 DESIGN / 1998
CLIENTE / GRUPO ATLÂNTICA / 1998
FABRICANTE / ENGEPLAC

LOGOMARCA, POR QUÊ ?

No Brasil, de uns anos para cá, o termo logomarca passou a galvanizar o universo da identidade visual e muitos dos envolvidos em sua dinâmica. Nesses meios, logomarca passou a ser sinônimo de símbolo e de logotipo, designações que as primeiras gerações de designers gráficos aprenderam a usar e que ainda vale para qualquer país em que a atividade tenha atuação significativa.

Na verdade, logomarca é uma dessas criações tipicamente brasileiras que, assim como a compulsão para inventar nomes próprios, por exemplo, definiriam o brasileiro como um indivíduo imaginoso, e pouco afeito a convenções. No entanto, convenhamos, a capacidade de inventar, por si só, não encerra mérito nenhum. Não se vai para o paraíso só porque se é inventivo. Mesmo porque, até prova em contrário, o Diabo sempre se mostrou extremamente engenhoso.

Mas, voltando à mania nacional de inventar nomes, há quem veja nela inquestionável tendência poética ou mesmo propensão à rebeldia. Provavelmente não se trata nem de uma coisa nem de outra. Não somos um povo de índole guerreira. À parte algumas exceções sangrentas, via de regra impostas pela classe dominante àqueles em quem se habituou mandar, a nossa tem sido uma história de contemporizações. Quanto à veia poética, não parece que no Brasil ela seja mais vigorosa do que em qualquer outro país, só porque inventamos os desfiles de escola de samba. Dar ao filho o nome de Ciliomar, do pai Otacílio e da mãe Maria; Augari, do pai Ariosto e da mãe Augusta; Auny, do pai Nyvaldo e da mãe Aurea ou ainda destiná-lo a carregar pela vida afora achados engenhosos, como Odalina, anilado ao contrário, soa mais como manifestação de gosto duvidoso. Ou talvez traduza a necessidade de individuação, através do prenome, num país onde os sobrenomes de origem portuguesa são escassos e, portanto, pouco distintivos. Seja como for, o uso intensivo que vem se fazendo da palavra logomarca parece se inserir nesse contexto de compulsão criativa a qualquer preço.

Colocada nossa questão nesse plano, tentemos examinar o sentido dos termos símbolo, logotipo, marca e logomarca para buscar definir seu significado com mais precisão.

Símbolo gráfico é o sinal a cujos conceitos se chega através de associações sucessivas. Símbolos gráficos são diferentes de signos gráficos. O signo gráfico é um sinal que possui apenas um conceito ou significado. Uma seta indicativa de direção não traduz senão a direção para a qual aponta. Já símbolos gráficos, como a cruz, a suástica, o símbolo da Volkswagen ou da IBM remetem a uma série de significados que se superpõem, num longo encadeamento. A cruz remete a Jesus, a cristianismo, à perseguição, a martírio, às cruzadas, a poder religioso, a Estado do Vaticano, a Virgem Maria, etc. A suástica remete a nazismo, a anti-semitismo, a Hitler, a campo de concentração, à participação da Alemanha na segunda grande guerra, a massacre, a potência bélica, etc. O símbolo da Volkswagen remete à indústria alemã, à qualidade, resistência, e, no caso do Brasil, à assistência técnica garantida em praticamente qualquer ponto do país. O símbolo da IBM remete à tecnologia de ponta, à indústria da informática, a computador pessoal, a Paul Rand, etc. Esse caráter polissêmico e aberto está na base da definição de qualquer símbolo, seja qual for sua natureza. O logotipo, por sua vez, é um símbolo constituído por uma palavra graficamente particularizada que, portanto, também gera associações sucessivas.

No contexto do design gráfico, símbolo e logotipo pertencem à mesma categoria e cumprem a mesma função através de possibilidades formais diferentes: o primeiro através de estruturas abstratas, pictogramas, ideogramas ou fonogramas*, o segundo através de uma palavra à qual se confere tratamento gráfico especial, de maneira a torná-la única entre tantas. E, um e outro, despertam associações sucessivas em virtude da natureza de sua estrutura.

Já, marca, vem a ser o nome da empresa ou do produto, a designação que define uma personalidade, um conjunto de ações de comunicação junto ao público, interno e externo. O símbolo e o logotipo são formas de grafar aspectos da marca, de torná-los visualmente tangíveis. É comum as pessoas trocarem símbolo por marca. Diz-se freqüentemente: a marca da Coca-Cola ou da Fiat, quando, na verdade, a intenção é a referência ao logotipo da Coca-Cola ou da Fiat. O mesmo acontece com os símbolos, que também são confundidos com marcas. Menciona-se a marca da Volkswagen ou da Mercedes-Benz, quando o que se quer dizer é símbolo.

E logomarca? Qual seria o sentido dessa genuína invenção brasileira?

SÍMBOLO ABSTRATO
NÃO SIGNIFICA NADA. SEU SENTIDO
DEVE SER APRENDIDO.

PROJETO / 19 DESIGN / 1994
CLIENTE / CARIOCA ENGENHARIA

LOGOTIPO
SÍMBOLO QUE SE CONFIGURA A PARTIR
DA PARTICULARIZAÇÃO GRÁFICA DE UMA PALAVRA.

PROJETO / 19 DESIGN / 1997
CLIENTE / ZEN SERIGRAFIA

SÍMBOLO MISTO
FORMADO PELA COMBINAÇÃO DE UM SÍMBOLO
E DE UM LOGOTIPO

PROJETO / 19 DESIGN / 1994
CLIENTE / CADEIA DE RESTAURANTES LA MOLE

Logomarca não quer dizer absolutamente nada. É possível que seu genial inventor estivesse, ao criá-la, querendo dar conta daquelas situações em que o núcleo da identidade visual da empresa repousa num sinal misto, no qual símbolo e logotipo se combinam na veiculação de uma dada imagem. O fato é que, se por acaso foi essa a origem do termo, atualmente, no Brasil, todo sinal gráfico que pretenda identificar uma empresa ou um produto é chamado de logomarca, seja símbolo, logotipo ou sinal misto.

Logos em grego quer dizer conhecimento e também palavra. *Typos* quer dizer padrão e também grafia. Portanto, grafia da palavra ou palavra padrão. Agora, palavra marca ou conhecimento marca quer dizer o quê? Coisa nenhuma. E é espantosa a desenvoltura com que cerca de dois terços da população ligada à comunicação gráfica, no Brasil, usa e veicula essa coisa nenhuma, com a segurança de estar brandindo um termo de alto teor técnico e expressivo. Curioso que áreas tão afeitas à moda e à terminologia usada internacionalmente para tudo o que diz respeito aos assuntos do setor, como a publicidade, o *marketing* e mesmo o design gráfico, desprezem as designações corretas, presentes na literatura publicada pelas revistas especializadas do primeiro mundo. Nelas as palavras *logotype, logo* ou *symbol* pontuam cada página, para lembrar apenas os países de língua inglesa."Logomark" ou sucedâneos, jamais.

"SÍMBOLOS FIGURATIVOS PODEM SER DE TRÊS NATUREZAS":

BASEADO EM PICTOGRAMAS

PROJETO / 19 DESIGN / 1999
CLIENTE / FUNDAÇÃO VALE DO RIO DOCE

BASEADO EM IDEOGRAMAS

PROJETO / 19 DESIGN /1999
CLIENTE / SEPETIBA TECON / TERMINAL MARÍTIMO
ESPECIALIZADO EM TRANSPORTE DE CONTÊINERES

BASEADO EM FONOGRAMAS

PROJETO / 19 DESIGN / 1997
CLIENTE / ANDRADE E ARANTES

* CONFORME CLASSIFICAÇÃO DE GILBERTO STRUNCK
EM **IDENTIDADE VISUAL, A DIREÇÃO DO OLHAR**
EDITORA EUROPA 1989

O EFEITO MULTIPLICADOR DO DESIGN

Os produtos que se destacam num mercado de muitas ofertas são aqueles que além de suas qualidades intrínsecas possuem uma imagem forte, sintonizada com o desejo e as expectativas do público para o qual foram concebidos. O terreno em que se forja a imagem, por sua vez, é o terreno dos significados, dos valores simbólicos, das associações construídas a partir de dados culturais e, portanto, o terreno por excelência do designer, esse profissional eminentemente contemporâneo, especialista em questões de comunicação. Responsável ora pelo próprio projeto do produto, ora pelo projeto de sua identidade visual, o designer começa a atuar na gênese do processo, definindo os dados físicos e os significados que lhe darão sustentação no mercado. E, ao determinar materiais, tecnologias de fabricação, formas, cores, encaixes, volumes, texturas, detalhes visuais e ergonômicos, o designer estará articulando os elementos indispensáveis à construção da imagem do produto e propondo os rumos de sua trajetória. Nenhum produto terá uma imagem eficiente se não resolver, no momento da gestação, os pontos fundamentais em que se apóiam sua estrutura física e simbólica. Ou seja, nenhum produto terá uma boa marca se não cumprir, na hora certa, essas mesmas condições.

De fato, no universo das modernas técnicas de comunicação pode-se dizer que imagem e marca são sinônimos. Quando se fala na marca de um produto, de uma empresa ou de um serviço, se está falando na imagem de todas essas coisas. Tanto a imagem quanto a marca, portanto, definem uma personalidade, uma estratégia comercial, um conjunto de ações de comunicação que o público associa ao desempenho de uma determinada empresa, produto ou serviço.

No âmbito dos projetos de identidade visual para eventos culturais existe ainda outro fator que deve ser considerado: a gerência da delicada relação entre a imagem do evento e a imagem das empresas ou entidades que o patrocinam ou promovem e sem a presença das quais dificilmente qualquer evento se realiza hoje em dia.

Quando uma empresa se propõe a apoiar um evento de caráter cultural sua imagem estará necessariamente associada não apenas ao resultado obtido junto ao público mas também à maneira como a identidade visual desse mesmo evento se organiza tanto no plano do conceito quanto no plano formal.

Como qualquer produto, um evento cultural, seja qual for sua natureza, precisa de uma identidade visual forte e original, adequada a seus fins e ao repertório do público visado, para poder se distinguir e marcar a trajetória com nitidez. Além do mais, um projeto de identidade visual corretamente conceituado, via de regra, possui extraordinário efeito multiplicador. Uma mesma exposição de artes plásticas, por exemplo, poderá ser vista apenas por aquela estreita fatia do público de elite, habituada aos códigos da produção erudita, ou alargar sensivelmente suas possibilidades de comunicação, passando a atingir um público pouco afeito às mostras de pintura ou de escultura. E esse resultado será mais facilmente alcançado através da utilização do design gráfico e de seu método, que torna palpáveis as particularidades de cada evento.

No projeto de identidade visual de empresas, produtos e serviços, de maneira geral, de eventos culturais, em particular, cabe ao designer a tarefa de trazer para a superfície, com seu trabalho, dados que normalmente estão escondidos. Essa técnica de garimpagem, digamos assim, constitui uma das principais virtudes do bom designer. Sem seu auxílio o profissional não atingirá o sentido oculto da informação que deve desentranhar, dando-lhe forma e corpo através do projeto, para que possa se plasmar graficamente ao evento identificando-o, tornando-o um produto pronto para ser exposto e concorrer em seu mercado.

Em design gráfico, essa capacidade de transformar em realidade concreta o que é apenas virtual, se obtém através do projeto de sistemas visuais quando se define um princípio que passa a ser aplicado em todas as peças de divulgação do evento, identificando-o como um conjunto, ao mesmo tempo, particular e coeso. A criação de um símbolo ou um logotipo que ilustre e resuma os dados mais relevantes do produto constitui o primeiro passo. Daí para a frente, a identidade visual do evento irá se tecendo e completando à medida que cada peça for sendo resolvida e que as cores, os elementos gráficos de apoio e a família tipográfica destacada para grafar os textos forem definidos, urdindo um discurso coerente que passe a marcar, com nitidez, seu produto.

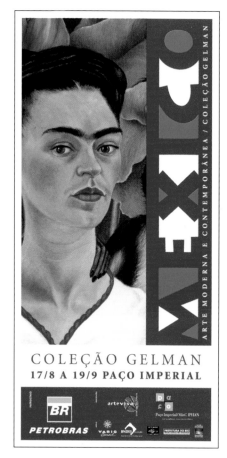

IDENTIDADE VISUAL PARA EVENTOS
LOGOTIPO E IMPLANTAÇÃO DA IMAGEM PROJETADA EM GALHARDETE

PROJETO / 19 DESIGN / 1999
DESIGNERS / HELOISA FARIA / HUGO RAFAEL
CLIENTE / ARTE VIVA

Com muita freqüência, designers que se dedicam ao projeto de programas de identidade visual para eventos culturais se sentem tolhidos ao se depararem com a tarefa de identificar produtos das chamadas áreas nobres da criação: espetáculos teatrais, exposições de artes plásticas, concertos de música erudita, por exemplo, tendendo a adotar uma postura de excessiva discrição no tocante a seu tema. Nesses casos, agem como se temessem contaminar, com sua invenção, a invenção que estão incumbidos de divulgar. Ora, é justamente a atitude oposta que se esperaria deles, principalmente em países pouco cultivados como o nosso. Na medida em que a produção cultural erudita encerra, de fato, uma certa complexidade, e na medida em que num país como o Brasil é muito grande a distância entre a educação da elite e a educação das classes populares, a obrigação do designer, ao atuar na divulgação de eventos culturais, é justamente a de fazer a passagem da informação de um universo para outro, simplificando os símbolos e sintetizando a forma. Para alcançar esse resultado ele precisa ser audacioso e inventivo, propondo uma linha de trabalho que seja ao mesmo tempo original, graficamente forte, e que expresse seu objeto com fidelidade porém sem servilismo.

Não menos relevante, na linha desse raciocínio que está sendo traçado a respeito da importância da atuação do designer gráfico para a identificação de eventos culturais e para a preservação da imagem de seus patrocinadores, é o fato de ser, freqüentemente, o próprio projeto de identidade visual que deflagra o processo de captação de recursos para o evento. Ou seja, um projeto de identidade visual corretamente conceituado e formulado tende a alcançar um tal nível de qualidade visual, definindo com tanta propriedade e adequação gráfica as peças de divulgação do evento, que sua simples existência pode se transformar em garantia de patrocínio, na medida em que, por antecipação, as empresas consultadas poderão visualizar a qualidade das peças em que estarão colocando seus respectivos símbolos e logotipos.

Finalizando, chamamos a atenção para a importância da presença de designers gráficos experientes em projetos de identidade visual, nas equipes de realização de eventos culturais. Só assim os patrocinadores poderão ficar seguros, por um lado, de que a marca do evento que leva sua chancela estará sendo tratada de forma correta, por outro, de que o princípio gráfico criado estará, de fato, distinguindo positivamente não apenas o evento, mas todas as empresas que tiverem seus nomes ligados a ele.

IDENTIDADE VISUAL PARA EVENTOS

PROJETO / 19 DESIGN / 1998
DESIGNERS / HELOISA FARIA / HUGO RAFAEL
CLIENTE / ARTE VIVA

AS LINGUAGENS DO DESIGN

Para abordar as origens do design, assim como suas perspectivas, talvez um bom começo seja aquele que ensaie uma definição. Partindo desse prisma, a atividade surge como das que têm acumulado o maior número de tentativas de conceituação, no contexto das profissões decorrentes da seriação industrial que, a partir de meados de 1800, revolucionou os modos de produção vigentes, encerrando o primado do artesanato. Com efeito, muitas vezes contraditórias, freqüentemente excludentes ou antagônicas, as inúmeras definições de design que têm circulado revelam que, passado quase um século de seu surgimento, a atividade continua polêmica e pouco conhecida. Arte, prática de projeto, matéria tecnológica ou científica, campo de confluência interdisciplinar, atividade de apoio às técnicas de *marketing*. O design tem sido isso tudo ora simultaneamente, ora organizado em torno da predominância de um ou outro desses aspectos, dependendo do viés intelectual de quem o aborde como terreno de reflexão.

Entre os muitos enunciados que pretendem dar conta de seu campo, um dos mais em voga é o que se utiliza de um certo desconstrutivismo nihilista. Nesse rastro, o design não possuiria nem contorno nem terreno próprios, não sendo, sequer, suscetível de definição. Os que defendem esse ponto de vista vêem a atividade como um amontoado de saberes e aptidões emprestados de áreas as mais diversas, cuja coesão poderia ser, quem sabe, ditada por modelos flexíveis e mutáveis, capazes de se ajustar a qualquer época e circunstância. O que, certamente, daria ao design alcance quase demiúrgico pois, desse ponto de vista, não só poderia se aceitar a idéia de que tenha existido desde as grutas de Altamira como, radicalizando, de que esteja presente na própria natureza, bastando, para isso, que esta se mostre de forma nítida e organizada. Como decorrência, se poderia chegar a ver "bom design" no arco e na flecha do índio brasileiro, em objetos artesanais do período oitocentista ou até no caule de uma palmeira imperial. E, em todos esses casos, ficaria patente a confusão entre a idéia de equilíbrio formal como valor e a complexa realidade do produto concebido para fabricação em larga escala, por tecnologias industriais e pós-industriais. Por outro lado, se ouve e se lê muito a afirmação de que design é uma atividade multidisciplinar, já que combina várias outras em sua constituição. E essa assertiva também não se sustenta. Basta lembrar o cinema, forma de expressão que justapõe sistemas de signos independentes entre si, conferindo-lhes nova natureza a partir da maneira particular como os aglutina e funde, fazendo-os assumir uma realidade diferente daquela representada pelas unidades constitutivas iniciais. No entanto, apesar desse somatório, o cinema não costuma ser visto como atividade multidisciplinar, mas como campo perfeitamente identificável e coeso. A esse respeito e para situar a mesma questão em outras áreas profissionais, notemos que a perspectiva e o cálculo estrutural, por exemplo, que são instrumentos do arquiteto e, respectivamente, do pintor e do engenheiro incidem de maneiras completamente diversas em cada uma dessas atividades, conduzindo a resultados inconfundíveis, próprios de cada uma delas. Da mesma maneira e voltando ao cinema, nele, a música, a literatura dramática, a cenografia e os figurinos, por exemplo, se comportam de forma diferente da música na sala de concerto, do texto literário no livro, da cenografia no teatro e das vestimentas nos desfiles de alta-costura. No filme de ficção, a estrutura original, digamos assim, de cada um desses sistemas de signos se altera em decorrência da forma particular como são articulados e reproduzidos pela imagem em movimento, núcleo da linguagem cinematográfica e circunstância em torno da qual tudo se organiza.

Outra recorrência constante no que se refere às tentativas de definição do design é a que o insere no grupo das disciplinas tecnológicas como se, com isso, não somente se apaziguasse uma ansiedade classificatória, mas também como se a tecnologia pudesse ser vista como terreno defendido, imune aos riscos representados pela intuição, pelo aleatório, pelo arbitrário. Aliás, se tomássemos o termo tecnologia ao pé da letra o design nem poderia integrar seu âmbito, por não ser regido pelas normas da ciência. Segundo o *Novo Dicionário Aurélio da Língua Portuguesa*, tecnologia é o "conjunto de conhecimentos, especialmente princípios científicos, que se aplicam a um determinado ramo de atividades". Numa interpretação mais livre, costuma-se também entender por tecnologia o complexo formado pelos conhecimentos, pelas técnicas e pelas práticas próprias de uma determinada atividade, seja ela científica ou não. Nessa segunda acepção, praticamente qualquer atividade se insere em alguma unidade tecnológica. Daí podermos falar da tecnologia da construção civil, da tecnologia da cerâmica de alta temperatura, da tecnologia da tecelagem manual e assim por diante. Logo, não passa de expectativa infundada tentar situar o design no âmbito das disciplinas tecnológicas, pensando talvez, com isso, protegê-lo da perigosa vizinhança com as formas de expressão artística ligadas ao artesanato e à tradição do pensamento plástico do Ocidente.

Se design não é ciência, não é arte nem artesanato, não possui estrutura multidisciplinar nem pode se configurar como técnica de vendas, o que vem a ser, em suma?

Design é uma linguagem. Uma linguagem nova que, assim como a do cinema e a da fotografia, surgiu com a indústria e a revolução por ela acarretada e que, como ambas, pressupõe a multiplicação de um original através da reprodução de matrizes.

Como toda linguagem, o design possui, basicamente, duas possibilidades de articulação: uma que se realiza no sentido horizontal e que tem propriedades combinatórias, outra que se realiza no sentido vertical, em profundidade, e que tem propriedades associativas. As relações combinatórias determinam os aspectos formais do produto; as relações associativas, seus aspectos simbólicos. O significado do produto, como um todo, resulta da soma desses dois aspectos ou eixos de significação.

Como se sabe, no encalço da semiologia, ciência geral dos signos, Ferdinand de Saussure elegeu a linguagem oral como modelo e base de sua teoria, de tal forma e com tal poder de convicção que, até muito recentemente, qualquer reflexão que se fizesse sobre a natureza de uma dada linguagem, fosse ela visual, sonora ou verbal, costumava passar pelos fundamentos estabelecidos pelos conhecimentos linguísticos, tal como os dispôs Saussure em sua obra fundamental. O pequeno esquema exposto acima é uma tentativa de adaptação de afirmações feitas por ele nesse clássico que é o *Curso de Linguística Geral*.

Retomando o paralelo entre design, cinema e fotografia, tentemos levantar algumas particularidades dessas linguagens, para situarmos melhor seus respectivos campos, no contexto da presente exposição.

À diferença do cinema que, como arriscamos, opera uma reordenação de vários sistemas de signos que, através de sua linguagem, o encadeamento de imagens em movimento, são transfigurados, passando a constituir uma realidade nova e independente, a fotografia possui uma estrutura perfeitamente homogênea e as unidades de que dispõe para constituir tanto sua cadeia horizontal de articulações formais, quanto sua cadeia vertical de associações, pertencem única e exclusivamente a seus domínios linguísticos. Nem por isso, no entanto, pode-se dizer que a linguagem da fotografia seja mais linguagem do que a linguagem do cinema. O fato das duas estarem constituídas de forma diversa, tendo uma, indubitavelmente, base mais homogênea do que outra, não justifica o estabelecimento de hierarquias. Enquanto linguagens, tanto o cinema quanto a fotografia possuem a mesma propriedade de articular suas respectivas unidades, e de acionar seus recursos particulares na transmissão de mensagens que irão, por sua vez, desencadear cadeias associativas.

Com o design as coisas se passam da mesma maneira, com uma diferença. Seu campo está constituído, na verdade, por duas grandes áreas com características linguísticas diferentes: a área do design de produto e a área do design gráfico. A área do design de produto apresenta uma tessitura muito mais uniforme e nisso ela se aproxima da linguagem da fotografia. A área do design gráfico apresenta uma tessitura mais acidentada e nisso ela se parece com o cinema.

Com efeito, os recursos expressivos do designer de produto se restringem à invenção e à articulação de volumes e de suas respectivas conexões, no âmbito do objeto e de sua interface com o ser humano. A circunstância de serem inúmeras e incessantemente renováveis as tecnologias disponíveis para a reprodução dos trabalhos nesse campo, assim como quase infinita a gama de materiais em que o profissional poderá imprimir suas decisões de projeto, não altera a essência eminentemente uniforme e homogênea da linguagem do design de produto.

Já o designer gráfico, como o cineasta, deve partir do princípio de que para organizar e dar corpo a seu discurso deverá conjugar linguagens originalmente independentes entre si como a fotografia, a tipografia, a ilustração. O que, certamente, configura um terreno de base bastante menos regular.

Então, admitindo que o design de produto e o design gráfico são linguagens originadas do mesmo impulso e do mesmo conjunto de necessidades, em meados do século XIX, e que ambas estão visceralmente ligadas por uma só metodologia e um único objetivo programático, poderíamos afirmar que, como qualquer linguagem, elas definem seu perfil a partir de dois grupos de interferências, basicamente:

– interferências de caráter contextual;
– interferências de caráter pessoal.

As interferências de caráter contextual seriam aquelas representadas pelas linhas dominantes de um dado momento histórico, entendido em seus aspectos sociais, econômicos, políticos, culturais e tecnológicos.

As interferências de caráter pessoal seriam aquelas representadas pela maneira como uma dada personalidade criadora reage a esse conjunto de linhas dominantes, oferecendo alternativas únicas para problemas comuns. A forma como o profissional vai se apropriar das linguagens do design, seja ela a de produto ou a gráfica, conjugando em seus projetos esses dois eixos de interferência, definirá sua dimensão como criador. Assim é que, como ocorre em qualquer linguagem, também em design se encontrarão os profissionais que se distinguem por seu compromisso autoral, pelo empenho em propor combinações inesperadas à trama de seu discurso ou, perseguindo objetivos diferentes, aqueles que preferem uma certa transparência como via para as soluções do projeto ou seja, o caminho mais curto entre o conceito e a solução formal de maneira a evitarem a sedução da originalidade. E, finalmente, também como em qualquer linguagem, poderemos encontrar os que não demonstram senão o mínimo de preocupação formal necessária para se manterem dentro dos limites da profissão, designers que fazem da atividade mais um pretexto para a atividade comercial do que qualquer outra coisa. As três possibilidades são absolutamente legítimas, cabendo a cada um saber qual a que melhor se adapta a seu desejo profundo e possibilidades individuais.

Tanto a linguagem do design de produto quanto a linguagem do design gráfico se exprimem através do projeto. Como atividades projetuais ambas requerem capacidade de abrangência e de coordenação dos diferentes aspectos implicados no processo de que resulta o produto.

Em design, o projeto serve para articular cadeias de informações destinadas à fabricação em larga escala, por meio de tecnologias industriais ou pós-industriais. Em vista disso, todo projetista tem sua invenção permeada pelos aspectos materiais da realização da idéia, de tal forma que o momento da concepção é indissociável das possibilidades oferecidas pelos recursos tecnológicos escolhidos para realizar o projeto. Nesse ponto, talvez não fosse excessivo relembrar que a diferença fundamental entre o designer e o artesão é conferida, justamente, pela presença do projeto na cadeia de feitura de um objeto, sistema de objetos ou de informações. O modo industrial de produção não permite ajustes no processo da fabricação. No momento em que a matriz é levada para a linha de produção não há mais retorno possível, a não ser que se refaça a matriz.

Se, como qualquer linguagem, o design está afeito às influências de seu tempo e às características da personalidade de um determinado autor, é fatal que as ênfases que se exercem sobre ele sejam mutáveis, com a condição de que se preservem os dados indispensáveis ao processo de constituição do produto, ou seja, de que exista projeto, matriz, e estejam presentes tecnologias de fabricação não artesanais. Assim é que, admitida uma certa plasticidade, própria de qualquer linguagem, pode-se compreender porque em sua trajetória ainda relativamente curta o design tenha assumido compromissos tão diferentes entre si como os que o nortearam nos primeiros anos deste século e os que moldam seu comportamento nos dias que correm.

Na Europa, a partir de 1914, em plena efervescência das idéias socialistas e das inovações estéticas sustentadas pelas vanguardas clássicas, o design se colocava como parceiro indispensável para a travessia rumo à nova ordem, perseguida pelas filosofias igualitárias em voga naquele período. Tudo estava por ser construído e inventado para o homem que haveria de surgir dessa sociedade justa e luminosa. Novos espaços para a habitação, o lazer, a educação e o trabalho. Novos artefactos para ocupar esses espaços, comprometidos com o conforto, o estímulo intelectual e o direito à

dignidade. Impressos nos quais a ordem tipográfica linear seria subvertida pela ocupação inesperada da página e pela explosão poética da imagem. Alfabetos que exprimissem a racionalidade da
indústria. Novas concepções de arte que criassem uma continuidade entre a estética do cotidiano e
a estética dos museus, dos teatros e das salas de concerto. O século seria de ouro. No entanto, e
sempre em função dos interesses políticos e econômicos do mais forte, essa utopia foi sendo lentamente triturada, de tal forma que, já nos primeiros anos que se seguiram à segunda grande guerra,
o design estava bastante comprometido com a ideologia da venda através, principalmente, do
styling criado e desenvolvido pelos norte-americanos.

Se nos detivermos, ainda que superficialmente, na observação do papel representado pelos Estados Unidos na mudança dos conceitos que norteavam a inserção do design no mercado até o final
dos anos trinta, quando o modelo predominante era o europeu, vamos constatar como, mais uma
vez no desenrolar da história, o dominador se apropria da invenção do dominado e a molda à sua
imagem e semelhança, em função de interesses exclusivamente seus.

Com efeito, como é sabido, o nazismo expulsou da Alemanha toda sua inteligência mais combati-
va. O destino, quase sempre, foi a América do Norte, mais especificamente os Estados Unidos. Para
lá toda uma elite de arquitetos e designers egressos da Bauhaus transplantou o germe de sua
inquietação, assim como o compromisso de atuar através do projeto para o aprimoramento da
sociedade em que viviam. Embora os efeitos dessa influência tenham, num primeiro momento, se
restringido às universidades e a alguns grupos de artistas e intelectuais mais requintados, foi ela
que, sem dúvida, tornou possível a eclosão de um talento como o de Paul Rand, primeiro entre tantos a realizar uma síntese harmoniosa entre a elegância do desenho europeu e a contundência da
publicidade americana e cuja lúcida trajetória definiu a matriz do melhor design gráfico praticado
nos Estados Unidos, até os dias que correm.

No entanto, passado o primeiro alumbramento, os americanos trataram de inserir o design em sua
inamovível crença de que tudo na vida se restringe à compra e à venda e deve se traduzir numa linguagem passível de absorção pelo mercado, entendido como o domínio do homem comum. A partir daí, as coisas em torno da prática do design foram se modificando: a terminologia, a expectativa
de desempenho, a conduta do profissional. De tal forma que *marketing* e design se tornaram praticamente sinônimos.

Nesse rumo, a globalização da economia não veio senão acentuar a crença, desenvolvida nos
departamentos de comunicação das grandes corporações, de que o design deve se inserir no mer-

cado como um instrumento de venda de produtos e de imagem. Sendo assim, e diante da supremacia que o mercado capitalista confere à ideologia da venda em detrimento da ideologia da invenção, o projeto em design tem assumido um papel cada vez mais servil, menor, incompatível com os ideais transformadores no interior dos quais cresceu e se desenvolveu. Desencarrilhado, o design foi se afastando dos compromissos com a democratização dos acessos à informação, com a democratização do uso e da distribuição dos artefactos industrialmente produzidos.

Por outro lado, para que, no plano da linguagem, o projeto pudesse se expandir num ritmo de interesse crescente seria necessário que o mercado, como um todo, tendesse a ser menos restritivo com as soluções que colocam em questão seu repertório. Não bastam renovações tecnológicas para que uma linguagem alargue seus limites. É necessário, também, que sua cota de informação não seja dissolvida, pois não há criatividade que resista ao temor do novo, ao compromisso com o já feito e experimentado.

Retomando o fio, com a plasticidade própria de toda linguagem, o design assume as características de seu tempo e se tinge com os tons da personalidade do projetista. No princípio do século sua realidade era uma. Atualmente, é outra. Qual será sua situação nas próximas décadas? Difícil prever. Em todo caso, se concordarmos que as várias linguagens refletem as linhas dominantes do momento em que são expressas, tudo vai depender de como estiverem dispostas essas linhas. Atendo-nos à situação do Brasil, coloca-se a pergunta: como uma cultura que jamais se interessou em absorver o design configurará seu mercado para enfrentar a concorrência estrangeira, tanto no nível do produto quanto no nível da mão-de-obra, no mundo sem fronteiras da economia globalizada? E como, nesse contexto, o design irá atender as necessidades mais específicas da população de nosso país?

Não ocorrendo uma reação, o Brasil estará fadado, em mais este campo, a ter de abrir mão do direito à autonomia e ao projeto de artefactos e sistemas de artefactos industriais; terá de abrir mão do direito de projetar programas de identidade corporativa para as grandes empresas do país ou para aquelas que vierem se instalar aqui; abrir mão do direito de oferecer ao cidadão brasileiro um produto adequado à sua cultura e necessidades particulares porque, provavelmente, estará competindo de forma desigual com a oferta de centros mais ricos, poderosos e bem equipados tecnologicamente, que precisam de mercados populosos como o nosso para escoar uma produção incessante e cada vez mais numerosa e que, portanto, lutarão com todas as armas para dominar esses mercados. Na altura em que nos encontramos é difícil prever se sobrará ao designer brasileiro mais do que uma discreta cota nesse universo, mais precisa e provavelmente aquela oferecida pelos negócios de pequena ou nenhuma expressão econômica. O que é mais penoso constatar, sobretudo, é que bastaria que o país fosse apenas tocado pelo potencial do design, aprendendo a ver nele uma das linguagens mais fascinantes de nosso tempo e abrisse espaços verdadeiros para o exercício pleno de suas possibilidades, tanto no terreno do projeto quanto no terreno da atividade de planejamento, para que fosse contornada essa fragilidade de base que nos faz duvidar se o Brasil possuirá um design verdadeiramente significativo no prazo de trinta ou cinqüenta anos.

Como se tornou bastante evidente desde meados de 1963, data da fundação da ESDI – Escola Superior de Desenho Industrial, e da introdução sistemática do design no Brasil, as razões dessa resistência que se observa em relação a ele são, primordialmente, de origem cultural. Talvez seja pedir muito de um país, que insiste em valorizar a improvisação, a malandragem, o artesanal e o uso leviano da palavra oca, que compreenda a disciplina precisa da atividade de projeto aplicada à produção industrial ou pós-industrial e passe a se interessar por essa forma de expressão cuja base repousa na incessante mudança tecnológica; nessa forma de expressão que se projeta para o futuro, sempre em busca de articulações e significados novos e cujo pressuposto nuclear é atender às demandas de bem-estar físico, intelectual e emocional do ser humano. Nesse sentido, para o design, os obstáculos que as propostas liberais de política econômica infligem a um país como o nosso podem ser difíceis de contornar. Porque uma coisa é resistir ao ataque do centro de uma trincheira solidamente construída; outra é ser pego de surpresa, na curva de uma esquina da história.

Sem possuir uma tradição que o sustente, o apoio do Estado que nunca soube fazer dele um colaborador, sem ser reconhecido pela cultura de seu país em sua integridade de linguagem particular, sem ter sido admitido na gestão empresarial como instrumento necessário para a abordagem do universo do produto e das modernas tecnologias que o viabilizam materialmente, o design no Brasil chega ao final do século como mais uma promessa mal cumprida.

Enquanto isso, à nossa volta, tudo continua por ser feito. Na educação, na saúde, na moradia, no transporte, na cultura e na construção da dignidade de um povo. O design poderia ser uma extraordinária ferramenta nesse esforço. Tudo o que tem conseguido, no entanto, é ser cada vez mais utilizado como instrumento para a venda de produtos e de informações, contribuindo para a perpetuação de uma ordem iníqua que transforma cidadãos em consumidores e espaços urbanos em painéis de *merchandising*, obrigado a abrir mão de sua dimensão crítica, dia a dia mais confinada aos limites do excepcional.

UMA TENTATIVA DE REAÇÃO

CARTA A UM JOVEM DESIGNER

Você deve andar intrigado com o surgimento de tantas iniciativas para a promoção do design. Instituição de prêmios – *Prêmio CNI de Gestão em Design, Selo Rio com Design, Rede Design Rio* –, organização de workshops – *Design para a competitividade: Recomendações para a Política Industrial no Brasil*, do recém-criado *Programa Brasileiro de Design, 2ª Semana do Design e da Competitividade* – e até mesmo a fundação de um centro específico, o *Centro ESDI*, primeiro em sua especialidade no Brasil. Isso tudo entre setembro e novembro do ano de 1996 e contando com o aval de instituições como o SENAI, o SESI, a FIESP, o Instituto Euvaldo Lodi, a Confederação Nacional das Indústrias, três Ministérios e a Prefeitura do Rio de Janeiro.

É possível que você esteja se perguntando por que cargas d'água tantas entidades estariam, a um só tempo, subitamente preocupadas com o mesmo assunto. Talvez também gostasse de entender porque demoraram tanto – cerca de 30 anos – para perceber aquilo que qualquer aluno de qualquer escola de design percebe nos primeiros meses de aula, ou seja, que, além de ser uma forma de expressão fantástica, absolutamente sintonizada com a tecnologia mutante de nosso tempo e de dispor de um método de trabalho capaz de resolver as mais diversas questões através do projeto ou das atividades de assessoria e planejamento, o design pode ser utilizado também como poderoso instrumento de vendas. Sem esquecer, ainda, que na solução de qualquer projeto que se inclua no âmbito da atividade o usuário, ou seja, quem utiliza o produto, o sistema de produtos ou de informações criado deve ser visto como elemento fundamental do processo que vai da concepção à fabricação. E que essa característica infunde um compromisso ético à profissão que é importante destacar e preservar.

Você talvez chegue a aventar a hipótese de que essa voga pró-design possa estar expressando menos a compreensão do que seja a atividade do que a angústia de quem se surpreende atrasado no curso da história e dispara na tentativa de alcançá-la. E, nisso, estará coberto de razão.

De fato, parece ter aflorado nos responsáveis por essa movimentação em torno da atividade a consciência de que, sem design, um país não compete numa economia globalizada. Sem uma política de governo que favoreça o aperfeiçoamento do produto em todos os seus níveis ou uma consciência empresarial que faça do design o parceiro de todos os dias, não há estratégia de exportação que vingue nem mercado interno que aprume. Sem o propósito de harmonizar as razões do lucro com as razões da pesquisa e da inovação, não há sobrevivência à vista para o produto industrial brasileiro.

Por outro lado, você certamente está a par do fato de que, nos países ditos desenvolvidos, o design já se incorporou ao cotidiano, pois lá como a qualidade é condição para que um produto permaneça no mercado, cabe ao design conferir o diferencial. No entanto, todas essas noções com as quais você convive desde que passou a se interessar pela atividade e que já deve ter absorvido como evidências palmares estão agora sendo apropriadas como importantíssimas descobertas pelas autoridades que vêm conduzindo esse processo de valorização do design em nosso país. Por onde teriam andado elas, você deve estar se perguntando, onde teriam estado nesses últimos trinta anos que não prestaram atenção nas reiteradas tentativas feitas junto ao poder público e à iniciativa privada para fazer do design um instrumento para o aumento da produtividade e, mais do que isso, um agente de cultura atuante?

Apesar de muito jovem você provavelmente já terá constatado que o descaso de que sempre foi alvo não impediu que o design se desenvolvesse bastante no Brasil, principalmente na área do produto gráfico, chegando a alcançar padrões surpreendentes para o mercado provinciano no qual tem sido condenado a atuar. E que esses padrões já transpuseram os limites do país não sendo poucos os prêmios que tem ganho, os espaços que a imprensa especializada internacional tem lhe dedicado e as exposições importantes de que tem participado. O desencontro entre os dois aspectos dessa realidade afligia-o há tempos, lançando-o em escuras previsões: de um lado, você via uma produção pulsante, de outro, resistência orquestrada a ela. Infelizmente, confirmadas suas intuições, você percebe agora que a omissão conjunta da iniciativa privada e do poder público definiu um quadro do qual está emergindo um mercado de trabalho que não paga nem valoriza o projeto em design; um mercado que, contando com o imediatismo e a cumplicidade de um número crescente de designers, acaba estimulando o escuso exercício das comissões; um mercado aviltado por crises econômicas sucessivas, onde a disputa entre os profissionais passou a ser exercida de maneira autofágica; um mercado onde as concorrências são lançadas de maneira selvagem, num salve-se quem puder em que regras mínimas de competição não são sequer observadas; um mercado onde a ausência da solidariedade de classe faz com que os próprios profissionais devam ser responsabilizados por boa parte dos equívocos que têm se acumulado. Com certeza você se inquieta ao perceber que é nesse contexto que vai incidir o bem-intencionado esforço de nossas autoridades recém-despertas para erigir o design como instrumento que ajude a evitar o aniquilamento do país numa disputa cujos termos são estabelecidos fora de suas fronteiras.

E agora? No que dará isso tudo, você se pergunta? O que resultará do confronto entre a urgência da necessidade e os vícios de um mercado tradicionalmente indiferente ao design?

Nos momentos de perplexidade é sempre oportuno, a qualquer profissão, recorrer a seus fundamentos para reaprumar o barco e corrigir a rota.

No caso do design, existem dois grupos de questões que sempre nortearam a prática profissional em qualquer período e em qualquer latitude, desde que a atividade se configurou como um campo autônomo, há cerca de oitenta anos.

O primeiro grupo abriga o conjunto de noções que lembram cotidianamente ao profissional seu compromisso com o homem, seja ele cliente, fornecedor ou usuário. O bom designer é aquele que ao atender o cliente com propriedade faz do fornecedor parceiro e fixa no usuário o foco respondendo com seu trabalho a diversos níveis de necessidades. No entanto, a ênfase que vem sendo dada aos aspectos comerciais da atividade deslocou a questão central do design de seu verdadeiro eixo, transformando-o numa espécie de sucedâneo do *marketing*. Como você sempre soube, para o design a venda é conseqüência de um trabalho bem-feito e não uma finalidade em si mesma. Sendo assim, é prudente que você esteja atento aos aspectos da dinâmica do produto que privilegiam excessivamente os interesses comerciais.

O segundo grupo de noções se refere ao significado do projeto no contexto da atividade do designer. O projeto é o meio através do qual o designer se exprime, através do qual resolve os problemas que lhe são propostos, controlando todo o processo que vai da concepção à fabricação do produto. O projeto em design possui características bastante específicas e seu alcance depende da complexidade do problema colocado e da dimensão do público a que se destina. Embora o designer possa atuar também como assessor e planejador no âmbito de sua especialidade, o projeto é a atividade que melhor define a essência de sua prática. A valorização do projeto deve ser, portanto, uma das principais atribuições profissionais.

Infelizmente, não é isso que vem ocorrendo no Brasil.

De uns tempos para cá, um número cada vez maior de designers começa a ganhar mais com as comissões que recebem dos fornecedores – sejam aqueles contratados para fabricar seus projetos, sejam aqueles responsáveis pela venda de material – do que com os projetos propriamente ditos.

Pobre cliente, pensaria você, pois no final do processo, que vai da encomenda à fabricação do produto, provavelmente acabará arcando com o custo das comissões recebidas por aquele que contratou para defender seus interesses! Pobres colegas que, numa concorrência, serão fatal e deslealmente derrotados por uma proposta suborçada! Talvez você nunca tenha pensado nisso, mas repare que o designer que sobrevive de comissões está ferindo vários princípios ao mesmo tempo:

– está contribuindo para o aviltamento do preço do projeto;
– está aumentando os custos do cliente e do fornecedor;
– está lesando seus colegas;
– está usando o fornecedor como cúmplice, não como parceiro de trabalho.

Esse designer não valoriza nem o homem nem o projeto. Sua ação é corrosiva e não contribui para o aprimoramento do produto e do mercado.

Nessa altura e diante desse panorama, suas dúvidas quanto à conduta profissional a seguir talvez tenham aumentado. Organizando os dados fornecidos por sua observação, você provavelmente terá percebido, de um lado, a necessidade de que o país acerte o passo com a nova ordem da economia globalizada, adotando medidas que levem ao aperfeiçoamento dos produtos industriais aqui concebidos e fabricados; de outro, a dura realidade de um mercado difícil, refratário ao design, forjado de maneira selvagem, aos trancos e barrancos, a partir da prática de toda sorte de equívocos. E é natural que você hesite. No entanto, se refletir com tranqüilidade e espírito ético vai perceber que talvez bastem atitudes muito simples para que você possa se integrar de forma produtiva nesse processo pró-design, atualmente em curso no Brasil. Atitudes, por exemplo, como manter a consciência de que é basicamente através do projeto que você deve se exprimir e atuar. De que é dele que deve tirar seu ganha-pão. De que é a lealdade com o cliente, com o colega, a parceria com o fornecedor e o objetivo de atender o usuário que permitirão a você participar da necessária transformação do mercado e do produto brasileiros, tentando colaborar com a desejada integração do país na ordem econômica internacional. Você vai lembrar que os modelos econômicos se transformam, passam, mas o homem em suas infindáveis facetas, não. E que atender a essa inesgotável multiplicidade com o melhor da técnica e da capacidade de invenção é a finalidade mais importante da prática profissional de qualquer designer.

DESIGN GRÁFICO E COLONIZAÇÃO

Duas das maiores empresas do Brasil acabam de mudar sua identidade corporativa. Uma está em fase de implantação do projeto, outra acaba de tornar público o novo símbolo e alguns dos elementos do sistema gráfico que ele integra.

Em condições normais, esse nível de solicitação do design gráfico, ocorrido num curto intervalo de tempo, teria causado grande movimentação no meio profissional especializado em nosso país.

Infelizmente, isso não ocorreu. Numa voga que parece estar se instalando, os dois projetos foram entregues à mesma empresa americana com resultados gráficos bastante discutíveis. Percalços da globalização dos quais não há como fugir, poderia se argumentar. Falso. Globalização, pelo menos em tese, implica na vitória daquele que apresenta o melhor desempenho. Em países culturalmente colonizados como o nosso, no entanto, existem setores nos quais os critérios de avaliação, longe de serem objetivos, passam pelo crivo do sentimento de inferioridade, da reverência ao primeiro mundo. Um desses setores certamente é o do design gráfico. Nele, a aferição de desempenho é bastante complicada. Dada sua natureza de atividade, simultaneamente, de projeto e de comunicação, ao ser avaliado o design gráfico sofre a dura intervenção de códigos de profissões próximas, como a arquitetura e a publicidade, por exemplo, muito melhor situadas no mercado de trabalho. De fato, como atividade projetual, a arquitetura tem mais tradição e prestígio; como atividade de comunicação, a publicidade ocupa todos os espaços de modo que, mesmo quando o que está em questão é um problema típico da área do design gráfico, é para a agência que freqüentemente se volta a demanda. Aliás, uma tendência peculiar do empresário brasileiro é a dependência que demonstra em relação à agência de publicidade. Para ele, a agência funciona como sucedâneo do antigo clínico geral que era solicitado a qualquer hora e pretexto para assistir da histeria à tosse comprida, do sarampo à fratura exposta. Nesse contexto, é lícito perguntar: quem define os critérios de avaliação do projeto em design? Quem decide a contratação dos serviços de design? Quem estabelece que uma equipe de design americana atende melhor um determinado cliente do que sua congênere nacional? Qual a razão de se buscar os serviços de uma empresa estrangeira quando é sabido que o Brasil tem um excelente design gráfico, principalmente na área em questão, da identidade corporativa?

A César o que é de César. É importante que os círculos não especializados distingam atividades que apesar de próximas, em muitos aspectos, constituem profissões diferentes, com campos de ação específicos, linguagens e técnicas particulares. Desenhistas gráficos não são arquitetos nem arquitetos são desenhistas gráficos; publicitários não têm competência para fazer design nem designers competência para fazer publicidade. Nenhum profissional, em sã consciência, deve se arvorar a aconselhar seu cliente sobre assuntos que não sejam de sua especialidade.

Outra diferença crucial entre publicitários, arquitetos e designers gráficos se deve ao fato desses últimos não terem sua profissão regulamentada. Há anos tramita no Congresso um projeto de lei que já sofreu inúmeras mudanças e ajustes mas que não vai nem vem. O Poder Executivo, a pretexto de combater o corporativismo, seria contrário a regulamentações de novas profissões. Essa decisão, além de acarretar uma série de problemas de ordem prática, deixa o campo de atuação do designer extremamente vulnerável, aberto, por exemplo, a incursões de empresas estrangeiras, como as que estamos começando a assistir. Considerando que nem a recíproca é verdadeira, nem essas normas se aplicam a todas as profissões, é justo que os designers protestem. Que queiram seu espaço profissinal definido e seu direito à competição assegurado. Práticas muito simples, como a volta dos concursos fechados, poderiam contribuir para organizar com mais justiça as disputas pelos grandes trabalhos na área do design. Há cerca de quinze anos, empresas que precisassem de projetos de identidade corporativa costumavam escolher designers através da instituição de concursos fechados. Nestes concursos, equipes de reconhecida competência eram pagas para apresentar suas idéias. Os trabalhos eram avaliados por um juri idôneo e o vencedor contratado para o detalhamento e a implantação do projeto por uma quantia condizente com o porte da tarefa e o nível de exposição do produto. Se esse procedimento tivesse sido adotado e equipes brasileiras tivessem tido a oportunidade de competir com seus colegas americanos, provavelmente essas empresas estariam hoje melhor servidas e a menor preço. Em todo o caso, certamente nenhum dos bons escritórios especializados do Brasil teria proposto o uso da Rosa-dos-Ventos, signo de domínio comum, sem sugerir interferências gráficas relevantes que a particularizassem, de maneira a transformá-la em símbolo. Nem uma grafia rebuscada, de inspiração aparentemente árabe – ou seria uma tentativa de interpretar a alma barroca de nossa civilização luso-africana? – para definir visualmente um dos elementos do sistema. Diante de resultados tão pífios, promovidos por empresas tão influentes, talvez fosse lícito lembrar que tão insano quanto o absolutismo do Estado é o absolutismo do mercado; talvez coubesse exigir que o mercado do designer seja regulado por normas que favoreçam princípios de justiça e garantam oportunidades de trabalho e de competição iguais para todos.

Tempos atrás, um jornal paulista dirigido ao segmento empresarial publicou um artigo assinado pelo diretor para a América Latina de uma multinacional especializada em design gráfico. O alvo eram as antigas estatais do setor de telecomunicação, recentemente privatizadas.

Com uma argumentação rasa, e a pretexto de fornecer esclarecimentos técnicos, o autor frisava a necessidade de adoção, por essas empresas, de programas de Identidade Corporativa eficientes, compatíveis com seus novos destinos. Além do desagradável tom autopromocional que perpassava o texto, causava certo desconforto a ingenuidade com que o autor repetia noções bastante corriqueiras, como se estivesse cumprindo o sagrado compromisso de difundir o verbo divino entre os infiéis. E o mais inquietante era que o artigo circunscrevia aos limites do *marketing* assuntos que, na verdade, integram o campo do design.

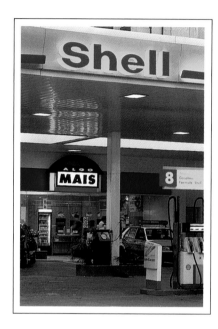

Com efeito, a tendência de abordar os problemas do design gráfico pelo viés do *marketing* tem se beneficiado de uma certa voga, há algum tempo. No entanto, o que sempre se fez e continua se fazendo de melhor e mais efetivo nesse setor profissional passa longe dessa voga. Como não poderia deixar de ser, pois a função do *marketing* é, fundamentalmente, criar condições para a venda de produtos enquanto a função do design gráfico é projetar produtos. Portanto, admitindo que exista um momento, no processo de criação de um Programa de Identidade Corporativa, em que design e *marketing* devam atuar juntos, é justamente na afirmação de suas diferenças que essas duas atividades podem contribuir para o sucesso dos trabalhos em que estiverem envolvidas.

Visto por outro ângulo, o artigo de que está se tratando pecava por uma certa desinformação, mostrando desconhecer a notória qualidade do design gráfico brasileiro, na área da Identidade Visual e Corporativa. Talvez não seja do conhecimento do público leigo, mas é bom que se saiba que temos em nosso país uma excelente escola representada principalmente pela sólida metodologia de projeto legada pela ESDI – Escola Superior de Desenho Industrial do Rio de Janeiro, e pelo brilhante desempenho de precursores da expressão de Aloisio Magalhães, Alexandre Wollner e Rubem Martins, cuja influência decisiva continua a se aprimorar e a se desenvolver através da atuação dos designers gráficos que vêm se sucedendo a eles, em ondas renovadas de qualidade e constância.

Por outro lado, caberia lembrar que assistimos há muito pouco tempo, aqui no Brasil, a dois equívocos contundentes perpetrados por uma multinacional de design gráfico, no setor da Identidade Corporativa. O que não chega a surpreender, já que a verdadeira qualidade, em design gráfico, se revela apenas naqueles trabalhos que, além de tecnicamente corretos, consideram e respeitam os dados culturais do público a que se destinam, processando-os adequadamente no nível do projeto. Essa, todavia, não parece ter sido a postura da nossa ilustre concorrente estrangeira, daí resultando a flagrante inadequação com a qual um extenso público de serviços bastante importantes estará, provavelmente, condenado a conviver por longo período.

Se uma empresa de design gráfico pretende atuar em dimensão planetária de forma eficiente, não pode desconhecer e desrespeitar a realidade cultural do país em que está trabalhando, iludindo a si mesma e a seu cliente com o despistamento de um discurso supostamente técnico. A crítica à desnacionalização do design gráfico nos países europeus, aliás, foi o tema exposto na última bienal de design gráfico de 1998, em Brno, na República Tcheca, uma das mais importantes da atualidade em seu gênero, pelo experiente designer inglês Colin Banks, na abertura dos dois dias do simpósio que tradicionalmente acompanha a realização da mostra. Colin Banks, numa intervenção extremamente lúcida, expôs com firmeza seu repúdio à destruição das expressões nacionais, em curso através da intervenção indiscriminada das multinacionais do design gráfico. Deixando claro que sua resistência não se referia à inevitável interpenetração cultural e econômica, própria dos mecanismos da globalização, mas sim às distorções por ela acarretadas, Colin Banks comentou duas possibilidades distintas. Uma, positiva, em que a empresa de design estrangeira, quando chamada a atuar, ou se alia a uma equipe local que lhe dê o suporte necessário para abordar corretamente questões de uma cultura que não é a sua, ou se empenha em absorver os dados desta

CADEIA DE LOJAS DE CONVENIÊNCIA

PROJETO / A3 / 1993
DESIGNERS / ANA LUISA ESCOREL / EVELYN GRUMACH / HELOISA FARIA
ARQUITETA / ANGELA LEITE BARBOSA
CLIENTE / SHELL BRASIL

EM 1993 A SHELL DESENVOLVEU DOIS PROJETOS DE IDENTIDADE CORPORATIVA, COM O OBJETIVO DE RENOVAR CONCEITUALMENTE SUAS CADEIAS DE LOJAS DE CONVENIÊNCIA, A **ALGO MAIS** E A **EXPRESS**.

A EMPRESA CONTRATADA PARA REALIZAR ESSE TRABALHO FOI O A3, EQUIPE DA QUAL SE ORIGINOU PARTE DO QUE, ATUALMENTE, CONSTITUI O 19 DESIGN.

ENTRE AS MUITAS NOVIDADES QUE ESSE PROJETO ENVOLVIA, UMA ERA QUE A COORDENAÇÃO DOS TRABALHOS ERA FEITA PELO SETOR DE DESIGN, QUE INTEGROU A SEUS QUADROS A ARQUITETA ANGELA LEITE BARBOSA PARA DEFINIR E DETALHAR OS ASPECTOS ESPACIAIS E DE MOBILIÁRIO COLOCADOS.

OUTRA PARTICULARIDADE FOI A CONSTRUÇÃO DE UM PROTÓTIPO PARA QUE O TRABALHO PUDESSE SER AVALIADO EM SUA DIMENSÃO REAL. AS FOTOS QUE ILUSTRAM ESSE ARTIGO REPRODUZEM ESSA EXPERIÊNCIA EM SEUS VÁRIOS ASPECTOS: DA FACHADA À CRIAÇÃO DE MOBILIÁRIO INTERNO, DO UNIFORME À IDENTIFICAÇÃO DE COPOS E GUARDANAPOS, PASSANDO PELA SINALIZAÇÃO E PELA SOLUÇÃO DAS ETIQUETAS DE PREÇO PARA OS PRODUTOS EXPOSTOS NOS BANDEIJÕES QUE, ANTES, FICAVAM EMPILHADOS NO CHÃO.

UMA TERCEIRA CARACTERÍSTICA DO PROCESSO FOI QUE, NO MEIO DO PERCURSO, A SHELL ABANDONOU A IDÉIA DE MANTER DUAS CADEIAS DE LOJAS DE CONVENIÊNCIA E SE CONCENTROU APENAS NA **EXPRESS**, CUJO PROJETO É DE AUTORIA DA MESMA EQUIPE.

E, FINALMENTE, PARA DESGOSTO DAS AUTORAS, O CLIENTE RECEBEU DA MATRIZ INGLESA A ORIENTAÇÃO DE ADOTAR A MARCA **SELECT**, JÁ EM USO EM OUTROS PAÍSES, EMBORA RECONHECESSE A ADEQUAÇÃO E QUALIDADE DO LOGOTIPO BRASILEIRO.

cultura para, respeitando-os, poder atender a necessidades específicas. Como exemplo desse procedimento citou o escritório holandês Studio Dunbar e um trabalho por ele projetado e implantado fora da Holanda. A outra situação, negativa, seria aquela na qual o projeto de Identidade Corporativa se impõe de forma autoritária, desconsiderando friamente os dados culturais da realidade no interior da qual, no entanto, espera-se que atue. Ilustrou esse segundo procedimento com um trabalho desenvolvido na Europa justamente por esta mesma multinacional que ora observamos em agressiva campanha para aumentar seu raio de ação entre nós e em cujos quadros milita, pelo visto como um cruzado, o autor do artigo a que estamos nos referindo.

ABERRAÇÕES E MOEDA NOVA

O Banco Central promoveu uma competição para o projeto das novas moedas metálicas do Real no final do ano de 1997.

Inicialmente, o concurso era restrito a designers, porém, ao constatar que a profissão não é regulamentada, o Banco mudou as normas anteriormente estabelecidas para atender à Lei nº 8.666, de 21 de junho de 1993, que impede a realização de concursos restritos a uma única habilitação, no caso de profissões não regulamentadas. Determinou que se cumprisse a lei abrindo a competição a qualquer pessoa física ou jurídica "que, nos termos do edital, apresentem um ensaio da nova conceituação e redesenho gráfico da moeda metálica de 1 Real e, se classificadas, para a 2ª fase, outro trabalho na forma de projeto gráfico da nova família de moedas metálicas do Real".

De fato, por razões misteriosas ou injunções que servem a interesses que certamente não são os dos designers, a profissão jamais foi regulamentada apesar de sua prática progressiva no Brasil, há pelo menos 35 anos. Houve várias tentativas e todas fracassaram. Sendo assim, representantes do Estado estão realmente investidos do direito de entravar processos cuja dimensão talvez não dominem, pondo em risco a qualidade de produtos como a moeda, um dos principais veículos da identidade visual de qualquer país.

Aberrações desse quilate só são possíveis porque a sociedade brasileira ainda não percebeu que o projeto de produtos industriais não é campo de experimentação nem para curiosos, nem para leigos com eventuais pendores plásticos. É um terreno difícil onde apenas depois de treinamento específico e muita prática o profissional pode mover-se com desenvoltura. Como ocorre, aliás, com a maioria das profissões. Não se tem notícia de que concorrências para construção de viadutos, túneis ou estradas, por exemplo, sejam abertas a qualquer cidadão, bastando para isso que consiga fazer uns tantos cálculos e expor suas idéias através de desenhos técnicos. Assim como também não se conhecem casos de concursos para projetos de edifícios públicos franqueados a quem for capaz de cumprir as normas de um dado edital, independente da profissão que exerça, com a condição, somente, de que consiga exprimir conceitos através de cortes, plantas e elevações. Nem é praxe, nesses meios, que concursos ou concorrências sejam decididos por "notáveis" da cultura pátria, pesquisas de opinião ou funcionários públicos com pouco ou nenhum conhecimento técnico da especialidade cujo desempenho devem avaliar, como está previsto ocorrer no caso presente.

O projeto e a fabricação da moeda metálica de um país constituem problemas típicos da área do design. Primeiro, porque se trata da produção industrial de um objeto. Segundo, pelo fato desse objeto possuir a inequívoca função de comunicar um determinado conjunto de informações a públicos bastante extensos. Terceiro, porque a moeda metálica exige que se resolvam com competência técnica questões de diagramação e legibilidade de numerosos dados a serem dispostas num campo bastante exíguo. Quarto, porque a fabricação de dinheiro coloca requisitos de segurança que certamente terão de ser equacionados com propriedade, ainda na etapa de projeto. E, finalmente, porque isso tudo deve ser feito com sensibilidade gráfica para que se atinja o grau de excelência estética requerido nessas circunstâncias.

A regulamentação das profissões não tem como meta defender o corporativismo e seus excessos e sim definir campos de competência de maneira a garantir que os ofícios, sejam eles quais forem, possam ser exercidos com segurança, não expondo a riscos de nenhuma natureza as comunidades a serem atendidas. Ora, não só o design já se constitui no Brasil numa realidade bastante concreta, como nos últimos dois anos vem sendo alvo de interesse e preocupação de um grande número de iniciativas de instituições com grande influência nas esferas pública e privada. Essas instituições têm repetido à exaustão em solenidades bastante formais, dirigidas por senhores engravatados e bem falantes ou em seminários de caráter mais técnico, porém igualmente circunspectos, aquilo que é voz corrente nos meios especializados: que sem design nenhum país poderá se integrar de forma competitiva na dinâmica das trocas econômicas, em um contexto globalizado. Nem no âmbito do mercado interno, nem no âmbito do mercado externo. Além do mais é surreal que o Estado desmanche com uma mão o que está tentando construir com a outra. Se apóia os esforços de prestigiar o design em todas as suas modalidades, através das comissões e grupos de trabalho que tem criado para esse fim, em ministérios como o da Indústria e Comércio, do Turismo, da Ciência e da Tecnologia, e em prefeituras como a do Rio de Janeiro, não faz sentido que entrave, através dos próprios representantes, processos que correm em outras instituições e dos quais dependem a qualidade de produtos da importância da moeda metálica.

Sendo assim, de duas uma:

– ou o Estado pára de resistir à regulamentação de novas profissões, e, no caso específico do design, viabiliza a intervenção e a parceria das entidades representativas do setor no projeto de lei que há anos rola no Congresso;

– ou passa a adotar uma atitude especial em relação ao design, sempre que se configurem situações como a que está se apresentando, ou seja, sempre que surja a necessidade de se obter, através de concursos ou concorrências públicas, serviços clara e inquestionavelmente situados na área de competência do design.

Como tanto para uma solução quanto para a outra seria preciso tempo e mobilização, alternativas descartadas dado o cronograma do presente concurso, como o processo para a escolha do melhor trabalho e o edital em vigor são falhos e demasiadamente abrangentes, muito provavelmente os brasileiros estarão correndo o risco de vir a conviver com uma moeda mal projetada.

Quanto à assessoria técnica da competição, supõe-se que, para atender às exigências da instituição promotora, as entidades responsáveis por este setor tenham tido que aceitar termos que não garantiam nem a qualidade do processo nem de seu resultado. Resta saber se já não era tempo dessas entidades evitarem posições de excessiva contemporização. Muita aquiescência freqüentemente mais atrapalha do que ajuda. É importante ocupar os espaços contanto que se possa ocupá-los bem, sem perder de vista, jamais, o dever de defesa da categoria tanto no plano de uma política cultural adequada quanto no plano da prática da profissão.

MERCADORIA DE PRIMEIRA NECESSIDADE

Apesar do design gráfico já ter acumulado mais de 35 anos de prática regular no Brasil, as forças que compõem o quadro do que se poderia identificar como cultura dominante têm resistido em incorporá-lo como linguagem e como instrumento para o projeto e a fabricação de produtos, numa demonstração de que ainda continuamos uma sociedade predominantemente atrasada, discursiva, refratária ao sistema do objeto e da informação industrialmente produzidos.

De fato, nesse espaço de tempo o conjunto de ações e reações que definem a interface produto / usuário não chegou a conquistar senão pequenos terrenos e, mesmo neles, tem sido continuamente assombrado pelos imperativos da desinformação e pelo ranço de um ideal estético retrógrado. Daí o designer não ser visto como autor mas como elo secundário da cadeia que vai da concepção à fabricação do produto, num processo em que tudo conta mais do que sua intervenção: os interesses do cliente, os limites do ferramental de fabricação, a dimensão do investimento financeiro, o viés da campanha de lançamento, a tendência em adular o usuário.

Num modo de produção como o medieval, em que a autoria era dissolvida no prestígio das corporações, talvez essa dissociação entre autor e obra não tivesse importância. Mas numa sociedade altamente competitiva como a nossa, na qual os indivíduos se definem basicamente por sua capacidade de realização profissional, não faz sentido que usuário, cliente e imprensa, segmentos, enfim, que entram em contato com o resultado do trabalho do designer e deveriam entendê-lo e divulgá-lo, continuem a tratá-lo como se fosse uma entidade sem face, sem nome e muito menos presença tanto em seu mercado específico quanto na vida cultural do país. No entanto, o design gráfico, como linguagem e como atividade de projeto, possui técnica e metodologia próprias para atender às questões colocadas pelos sistemas de objetos e de informação, no âmbito da produção industrial e do uso em larga escala. Além de serem projetistas, os designers gráficos estão equipados para atuar como planejadores e assessores, em programas voltados para a solução do bem estar comum. E se a curto prazo o desafio dos profissionais brasileiros talvez seja lutar por sua cota de expressão e pelo reconhecimento profissional, tentando dilatar o repertório vigente com a força das novas idéias, a médio e longo prazos esse desafio consiste em colocar sua habilidade profissional a serviço dos problemas que impedem o acesso à dignidade da condição humana da imensa maioria de seus compatriotas, colaborando para modificar-lhes a precariedade das condições de vida.

Esse não é, no entanto, um programa de fácil execução no momento em que o neoliberalismo impõe ao mundo uma ética onde apenas tem valor e interesse o que puder circular como mercadoria rentável. Com efeito, a cultura, a pesquisa, o ensino e a reflexão crítica sempre contaram com o financiamento do Estado, em qualquer parte, para poder desempenhar sua função de agentes propulsores, comprometidos com os interesses da coletividade. Essa equação se transformou e agora, sob a égide da globalização, nova forma de domínio do centro sobre a periferia, esses mesmos segmentos passaram a fazer sentido e a despertar interesse na estrita medida de sua lucratividade.

É nesse quadro de incensamento do lucro, de injustiça social, de desconhecimento do que seja a natureza de sua atividade que o designer gráfico brasileiro está atuando há algum tempo. Nele, tem-lhe sido sistematicamente negado o reconhecimento profissional e o direito a identificar-se com o resultado de seu trabalho.

Quando se cria um símbolo ou um logotipo, por exemplo, o primeiro cuidado que a empresa costuma ter, depois de aprovado o projeto, é registrar a "marca", como estabelece a terminologia legal, no INPI – Instituto Nacional da Propriedade Industrial. Nesse momento inicia-se um longo processo administrativo ao cabo do qual, não havendo impedimento, a empresa que encaminhou o pedido de registro passa a deter a exclusividade, ou seja, o direito de propriedade da "marca" da qual se torna "titular". O autor do projeto não é mencionado em nenhum momento, como se existisse um acordo tácito para considerar o símbolo ou o logotipo frutos de geração espontânea.

Quando a imprensa noticia o lançamento de um livro, omite invariavelmente o nome do designer autor da capa ou do projeto gráfico.

Quando uma empresa cria ou modifica sua identidade visual e vem a público comunicar sua imagem, o designer responsável pelo projeto não costuma ser mencionado nem nos textos de circulação restrita, nem nos textos de circulação pública.

Quando um designer concebe uma exposição cuidando do desenho e da fabricação dos painéis e de seus montantes, do discurso gráfico, da edição de textos e imagens, da disposição dos objetos, do layout e conseqüente definição da circulação, da supervisão do projeto de iluminação, da identidade gráfica do evento, da produção e do controle de qualidade de todo o processo, seu desempenho não costuma ficar claro para o leigo nem sua condição de autor, admitida.

Quando se premiam filmes, espetáculos teatrais, lançamentos fonográficos, existe uma generosa e democrática distribuição de louros por praticamente todas as categorias das respectivas equipes. Não se premiam os responsáveis pela identidade gráfica do filme, da peça, do disco.

Não seria sem tempo começar-se a admitir que o designer é um autor como outro qualquer e que, na hierarquia da fabricação de um sem-número de produtos, é ele o principal responsável pelo fluxo do processo e pela qualidade de seu resultado. Como qualquer autor o designer deve poder se identificar com o que faz, ocupando claramente seu lugar na cadeia de atribuições que vai da concepção ao uso. Afinal, é o equacionamento das variáveis presentes no processo em que o projeto está inserido, próprio da função do designer, que, em última análise, determinará a feição do produto.

Parodiando Brecht: triste do país que pensa não precisar de designers. Na moderna sociedade industrial designers constituem mercadoria de primeira necessidade. Desconhecer o âmbito de sua função, tolher seu desempenho, dispensar seus préstimos e dissociá-lo do resultado de seu trabalho, como tem ocorrido sistematicamente em nosso país, equivale a admitir que o Brasil sempre será um país predominantemente agrário, bucolicamente pastoril, deliciosamente artesanal e beletrista, que terá vivido a experiência da industrialização apenas até o limite em que ela facilita o acesso do capital estrangeiro e das tecnologias inventadas e desenvolvidas lá fora que, assim, podem chegar e se acomodar com tranqüilidade na cama que preparamos para eles.

Talvez se possa considerar ética profissional o conjunto de noções de caráter normativo que, com níveis distintos de abrangência, se organiza como os círculos concêntricos que se formam à flor d'água, a partir de uma pedrinha ou de um graveto lançados. Num primeiro nível, no círculo mais próximo do centro, estariam as questões mais pessoais, relativas aos compromissos do profissional consigo mesmo. Num segundo nível, num círculo já mais afastado do ponto de origem, estariam as questões relativas à prática do ofício e às obrigações para com os pares. Finalmente, num terceiro nível, e portanto num círculo ainda mais distante, estaria tudo o que diz respeito aos deveres sociais e às obrigações do profissional para com seu semelhante, seu tempo e a sociedade em que vive.

No âmbito de uma atividade como o design gráfico, o primeiro estágio de compromisso do profissional deveria ser com a linguagem e com a maneira como se serve dela para exprimir seu universo estético e resolver os problemas colocados pelo ritmo cotidiano de trabalho. Nessa linha, poderia-se dizer que tanto mais ético será o designer quanto mais pessoal for, já que o respeito às tendências profundas de personalidade é, sem dúvida, uma via de encaminhamento mais adequada para qualquer questão de projeto do que o empenho flácido de reproduzir a sensibilidade e a experiência alheias. Portanto, nesse primeiro círculo de compromissos, a questão que se apresentaria como primordial para o designer seria a do grau de originalidade a ser alcançado no manejo da linguagem gráfica.

Tal diagrama, de traçado aparentemente simples, representa, no entanto, um dos maiores desafios a serem enfrentados por qualquer criador e, como conseqüência, também pelo designer gráfico. Basta examinarmos o que ocorre com o mercado no momento em que uma determinada linha de projeto alcança aceitação. Por razões diferentes, usuário, cliente e designer tendem a se empenhar para que seja desdobrada. O usuário, porque talvez tenha, com isso, facilitada sua tarefa de decodificação: se um determinado sentido se repete, aproximando-se de outro já conhecido, a compreensão se torna mais imediata. O cliente, talvez porque veja reduzido o risco de rejeição do investimento. O designer, provavelmente por inércia, excessiva docilidade em relação às determinações da encomenda ou reverência a uma forma que, embora não sendo originalmente sua, tenha obtido sucesso.

A busca de solução para um problema gráfico deveria partir dos dados que ele próprio coloca. Não há voga nem tendência que justifique o deslocamento do eixo do projeto para fora de suas próprias circunstâncias nem das circunstâncias do designer que é responsável por ele.

O segundo nível de compromissos éticos do profissional abarcaria o universo da prática do ofício e da relação com os pares.

Profissões mais antigas e estruturadas costumam ser regidas por intrincados conjuntos de normas que, pelo menos no plano estritamente formal, apresentam grande rigidez. Como o design, gráfico e de produto, jamais foi regulamentado no Brasil, as poucas normas que orientam a atividade são ou de cunho puramente pessoal, ou extraídas do código de ética das associações pofissionais, não possuindo, portanto, nenhum valor legal. Sanções ou ameaças concretas não integram o arco de possibilidades do designer, ao contrário do que ocorre com outros profissionais liberais: médicos, engenheiros e advogados, por exemplo, que podem ter o exercício profissional cassado, caso se comprove desrespeito grave ao código estabelecido por seus respectivos conselhos. Com isso e com a incomensurável imperfeição, própria da condição humana, a prática dos designers brasileiros está sujeita à mais completa turbulência. Considerada a situação, não é necessário muita perspicácia para antever o resultado: falta de solidariedade entre colegas, freqüente abuso por parte de clientes no momento da formulação dos contratos, direitos autorais desrespeitados e tabelas de preços inoperantes.

Simultaneamente, assiste-se à crescente oferta de mão-de-obra, lançada a cada semestre pelas inúmeras escolas de design que se espalharam pelo Brasil, num mercado de trabalho extremamente refratário à profissão. O aumento da porcentagem de profissionais formados, por sua vez, coincidiu com a chegada do computador que revolucionou a maneira de projetar e produzir originais acarretando, entre outras coisas, uma redução substancial dos preços cobrados.

Num panorama em que a demanda de trabalho não se alterou significativamente, como se alteraram a oferta e o custo do projeto, estamos começando a conviver com a dura competição dos colegas estrangeiros que têm penetrado pela fresta da submissão ao primeiro mundo, própria de países culturalmente colonizados como o nosso.

Para enfrentar esse quadro e talvez por influência de outras profissões, onde o comportamento parece ser corriqueiro, muitos designers passaram a cobrar comissões dos fornecedores, numa espécie de desistência de afirmação do projeto. Assim, se a curto prazo tenta-se contornar a dificuldade na obtenção de pagamentos justos, a longo prazo põe-se em risco a própria sobrevivência do projeto como meio de subsistência.

Na mesma linha predatória, outra prática ultimamente muito solicitada pelo mercado tem sido a das concorrências sem remuneração.

Tempos atrás, quando se queria comparar soluções, na área do design gráfico instituía-se o concurso fechado. Os profissionais chamados para concorrer ganhavam para apresentar suas idéias e, depois, a equipe escolhida era contratada para desenvolver, detalhar e implantar seu projeto.

Nunca é demais lembrar que o mercado capitalista respeita apenas aqueles a quem paga. É profundamente ingênuo supor que, nesse contexto, o trabalho gratuito possua algum poder de sedução. O trabalho gratuito não faz senão atrapalhar a inserção profissional, confundir as novas gerações de designers e entravar o estabelecimento de políticas justas de remuneração.

Finalmente, no último estágio dos círculos progressivos em que estariam dispostas essas noções, que poderiam constituir alguma coisa próxima de uma ética para o design gráfico, ficariam os compromissos mais abrangentes, relativos às obrigações sociais do ofício.

Como qualquer profissão, o design gráfico tende a se ajustar às linhas dominantes do mercado capitalista, nem sempre conseguindo estabelecer com ele uma dinâmica equilibrada onde os interesses do proveito financeiro sejam relativizados. Sendo assim, é extremamente difícil para o profissional fugir da expectativa de desempenho que pressupõe o máximo de lucratividade para o cliente e assumir compromissos com setores que demandam atendimento às grandes questões coletivas, para as quais os recursos financeiros costumam ser escassos. Habitação, saúde, educação, transporte e ambiente urbano seriam, no entanto, os setores nos quais o designer brasileiro deveria estar concentrando sua atenção e criatividade, não fosse o nosso um país socialmente injusto e, o sempre renovado controle político de suas classes dominantes, responsável pela permanente distorção das prioridades sociais. E, na medida em que aqui o design gráfico não foi incorporado nem como manifestação cultural nem como instrumento de planejamento e projeto, o próprio Estado não aprendeu a ver nele o parceiro que tem condições de ser, já que poucas são as atividades profissionais mais aptas a lidar com a constante renovação das tecnologias de produção de objetos e informação, característica da sociedade contemporânea. Na cidade como no campo, contando com orçamentos generosos ou modestos, o designer, dada sua condição de projetista industrial, está apto a equacionar problemas de maneira que os resultados não só se enquadrem nos limites financeiros requeridos, como respondam adequadamente às demandas propostas, considerados os recursos tecnológicos disponíveis. Não é, portanto, razoável que no Brasil o designer gráfico passe seus dias tomado por folhetos de venda, relatórios de banco e projetos de identidade visual para as empresas do supérfluo, quando o espaço urbano se apresenta de forma caótica, inóspita e irracional em praticamente todas as cidades brasileiras. Não é razoável que continue se ocupando primordialmente com a solução de problemas que beneficiam pequenos grupos, quando cerca da metade da população brasileira é analfabeta de fato. Não é razoável que concentre sua atenção em sistemas de sinalização dos *shopping centers* que têm se multiplicado, quando os hospitais populares não contam com o mínimo de qualidade, na interface com seus pacientes. O que fazer para alterar essa situação é a pergunta que algumas gerações de profissionais vêm colocando, desde que a ESDI – Escola Superior de Desenho Industrial, foi fundada no Rio de Janeiro, em 1963, introduzindo no Brasil a prática regular do design. A pergunta é clara. A resposta, no entanto, ainda está para ser dada. Nem por isso cada designer deve deixar de fazê-la constantemente, lembrando que para tornar-se um profissional verdadeiramente ético é preciso fidelidade a si mesmo, aos princípios que tentam regular a atividade e um real compromisso de luta contra as carências agudas das camadas menos favorecidas da população de nosso país.

CAPA DE LIVRO

DESIGNER / VICTOR BURTON

EDITORA COMPANHIA DAS LETRAS / 1998

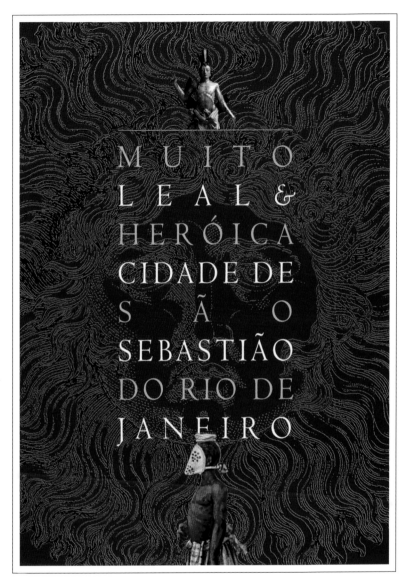

MUITO
LEAL &
HERÓICA
CIDADE DE
S Ã O
SEBASTIÃO
DO RIO DE
JANEIRO

TALVEZ NÃO SEJA EXAGERO AFIRMAR QUE VICTOR BURTON DEFINIU, COM SEU TRABALHO, UM NOVO ASPECTO PARA A CAPA DE LIVRO NO BRASIL.

SEU ESTILO REQUINTADO E EXTREMAMENTE PESSOAL ATINGIU TAL SUCESSO JUNTO AO PÚBLICO, AOS EDITORES E AOS AUTORES DE TEXTO QUE COMEÇARAM A BROTAR SEGUIDORES FASCINADOS POR SUA INTELIGÊNCIA GRÁFICA.

TODOS AQUELES – E TÊM SIDO TANTOS! –, QUE PASSARAM A PROJETAR "À LA VICTOR BURTON", EXPRIMEM BEM ESSE ROMPIMENTO DO COMPROMISSO QUE TODO DESIGNER DEVE TER CONSIGO MESMO, SEU UNIVERSO E SUA MANEIRA PARTICULAR DE EXPRESSÁ-LO NO PROJETO.

CARTAZ

DESIGNER / VICTOR BURTON

PROJETADO PARA A EXPOSIÇÃO COLETIVA
DE LANÇAMENTO DA ADG RIO / 2000

UMA TENTATIVA DE DIFUSÃO

TEMA E VARIAÇÕES

Com propósitos, perspectivas e resultados diferentes os livros de Lucy Niemeyer e André Villas-Boas levantam questões que avivam o incipiente debate sobre design em nosso país. *Design Gráfico no Brasil* historia o nascimento e a afirmação da atividade na Europa, chegando até sua implantação entre nós. *O que é (e o que nunca foi) Design Gráfico* se propõe a definir a natureza e o significado da especialidade.

Combinando descrição histórica e pesquisa, Lucy Niemeyer descreve a instalação do ensino de design no Brasil, detendo-se na criação da ESDI – Escola Superior de Desenho Industrial, fundada em meados de 60 no Rio de Janeiro, e de suas relações com o ambiente político, cultural e econômico da época. Didático e bem escrito o livro permite uma aproximação fácil de seu tema. O mérito do trabalho, no entanto, não se restringe ao fato de ser uma descrição bem-feita. Ele também é bom porque traz à tona a disputa pelo poder no interior do grupo responsável pela fundação da ESDI, mostrando como o destino de uma instituição pode ser ditado pelo jogo de influências.

Primeira escola de nível superior a se dedicar, na América Latina, ao ensino do design em suas modalidades principais, o design gráfico e o design de produto, a ESDI foi responsável pela educação dos profissionais que constituíram boa parte da primeira geração com formação regular, erigindo-se como modelo para a maioria dos cursos que vieram a se instalar no Brasil. A importância estratégica da ESDI fez com que a dinâmica de seu desenvolvimento se refletisse nos rumos tomados pelo design no Brasil. Portanto, é extremamente meritória outra faceta do livro de Lucy Niemeyer. Nela, a autora revela a tensão que se instalou desde o período de planejamento da escola, entre duas linhas pedagógicas. Uma, mais racional, de origem funcionalista, filiada à Escola de Ulm, outra sem contornos nítidos nem ascendência precisa que queira permear a rigidez das causas e dos efeitos com a fluidez da intuição e a tentativa de aculturar normas instituídas fora de nossas fronteiras. Lucy Niemeyer mostra muito bem como a orientação funcionalista se impôs na ESDI desde o primeiro momento e como, de uma certa forma, manteve seu lugar até nossos dias. Frisando a vocação endogâmica da escola, segundo a qual só ensinava nela quem já estava nela e fosse comprometido com seus pressupostos, a autora discute com lucidez as lacunas de formação dos jovens professores e as conseqüências daí decorrentes. Seu trabalho é um estimulante contraponto ao livro de Pedro Luiz Pereira de Souza, *ESDI: Biografia de uma Idéia*, lançado também em 1997, que, apesar da consistência e da grande qualidade de argumentação, talvez peque por excesso de zelo funcionalista.

O que é (e o que nunca foi) Design Gráfico, de André Villas-Boas, se insere noutro universo. Fecha o foco no design gráfico tentando defini-lo e delimitar seu terreno. Mantendo esse traçado, o autor propõe uma aproximação não linear de seu objeto, usando uma tática de idas e vindas que pode deixar o leitor desnorteado caso não possua alguma informação sobre o assunto.

O núcleo central do livro é organizado em três partes. Na primeira, o autor discute os aspectos "formais" e "funcionais" da atividade; na segunda, os "metodológicos" e, na terceira, os "simbólicos". Encerra suas assertivas dizendo que o design gráfico é uma atividade interdisciplinar.

Por aspectos "formais" e "funcionais" André Villas-Boas entende a capacidade de ordenar através do projeto, num determinado espaço, elementos gráficos de natureza diversa com a finalidade de reproduzi-los através de processos industriais. Aspectos "metodológicos" seriam aqueles que dotariam o designer da capacidade de fazer aproximações sistemáticas dos problemas propostos, organizando seu processo de trabalho em: etapa de "problematização", etapa de "concepção" e etapa de "especificação". Essa metodologia daria ao designer o controle sobre seu arco de atuação, confundindo-se com o próprio ato de projetar. Ou seja, para André Villas-Boas metodologia de design é projeto. Finalmente, os aspectos "simbólicos" seriam conferidos ao design gráfico por sua filiação à sociedade de massa, sendo também aqueles que atuariam junto à subjetividade do usuário.

Partindo das principais afirmações de *O que é (e o que nunca foi) Design Gráfico* contraporíamos uma argumentação um pouco diferente, numa tentativa de precisar os conceitos.

Aspectos formais e aspectos funcionais são propriedades diferentes de um mesmo produto e não deveriam ser associadas como se fossem uma coisa só. Aspectos formais dizem respeito a decisões de caráter estético, traduzindo necessidades expressivas. Aspectos funcionais se referem ao uso, traduzindo necessidades de caráter prático. Também não procede a afirmação de que metodologia e projeto se confundem. Embora constitua seu momento decisivo, o projeto não é senão uma das etapas da metodologia de trabalho do designer. É através do projeto que as necessidades levantadas são resolvidas e encaminhadas para a reprodução em série, por meio de matrizes elaboradas para a fabricação industrial. Mas também fazem parte dessa metodologia o levantamento e a análise dos dados apurados, por exemplo, etapas anteriores ao projeto e que servem a ele como base de informação. A metodologia de trabalho em design pressupõe uma maneira própria de abordar e resolver problemas. O designer pode usá-la para atuar também como planejador e como assessor, funções alheias à atividade de projeto. É um engano, portanto, afirmar que metodologia e projeto são uma coisa só. Por sua vez, a afirmação de que só é design gráfico o produto que se enquadre na teoria do fetiche de Marx é, no mínimo, temerária. Os aspectos simbólicos de um produto dizem respeito à sua capacidade de suscitar associações sucessivas. Não é a natureza dessas associações que confere ao objeto sua dimensão simbólica mas sim a simples propriedade de suscitá-las. Finalmente, não procede a afirmação de que o design gráfico é uma atividade interdisciplinar. O design gráfico é uma atividade que possui contornos próprios e que, quando atua na solução de questões de alta complexidade, pode fazê-lo do interior de equipes multidisciplinares.

A maneira dogmática com que André Villas-Boas tinge sua argumentação compromete muito o livro. Além do mais, ao desdobrar sua definição de design gráfico, o autor talvez superestime a elasticidade do tema. Na verdade, definir design gráfico não é complicado. Design gráfico é uma linguagem que viabiliza o projeto de produtos industriais, na área gráfica. É curiosa essa resistência às explicações simples que os textos que tratam do assunto freqüentemente revelam, caindo, por exemplo, na tentação de definir a atividade pelo que ela não é. Seguindo essa tendência, André Villas-Boas estabelece uma série de relações entre o design gráfico e atividades próximas: arquitetura, artes plásticas e publicidade, como se, sem a referência a elas, o campo do design gráfico não pudesse se constituir.

Para terminar, fica a observação de que os textos que historiam o design tendem a ser mais bem-sucedidos do que aqueles que se propõem a refletir sobre sua natureza. A descrição é uma forma de abordagem menos complexa do que a que vem filtrada pela elaboração de conceitos e categorias. Principalmente se admitirmos que houve pouco tempo para a constituição de um corpo de idéias realmente consistente em design e, em particular, em design gráfico. Considerando, no entanto, que essa área desponta como uma das mais procuradas pelos jovens em busca de profissionalização no Brasil, é fundamental que os textos que tratem dela sejam claros e bem fundamentados. Portanto, afirmações arbitrárias, associações indevidas, citações equivocadas, como as que pontuam *O que é (e o que nunca foi) Design Gráfico*, certamente não configuram o melhor caminho para atender a essa crescente demanda de informação.

AS MUITAS FACES DE UM LIVRO

O livro *Limites do Design* revela metas bastante abrangentes. Para realizá-las, Dijon de Moraes se desdobra nas funções de projetista do volume e de boa parte dos produtos que o ilustram, acumulando-as com as de autor do texto. Encadeando seu discurso numa discussão de muitas faces, Dijon de Moraes se propõe a refletir sobre o design, sua problemática e seu sentido. Para tanto, oferece prismas de avaliação diferentes e sucessivos, com o propósito aparente de dominar seu objeto por meio da variedade dos ângulos de abordagem. Assim, pelo viés do primeiro prisma, faz um apanhado do desenho industrial, de seu surgimento a nossos dias, adotando uma postura diacrônica, própria do historiador. Por meio do segundo prisma, imprime a seu tema um enfoque de cunho mais reflexivo e filosófico. Finalmente, fechando o livro, adota o olhar do pedagogo comentando alguns modelos de ensino adotados no Brasil e fora dele, até chegar a uma formulação bastante pessoal a que dá o nome de design programado.

A primeira parte do livro, em que Dijon de Moraes se dedica a historiar a evolução do desenho industrial, talvez se ressinta de um certo esquematismo. A tal ponto que se torna inevitável a indagação de que motivos o teriam levado a incluí-la em seu trabalho. Se a intenção foi situar o discurso com clareza para um público pouco familiarizado com o tema, poderíamos lembrar que *Pioneers of Modern Design,* de Nikolaus Pevsner, um clássico absoluto, foi traduzido e lançado no mercado brasileiro em 1980, pela Editora Martins Fontes. Em se tratando de um autor de grande categoria, Pevsner praticamente esgota o assunto, fazendo de seu texto uma referência constante e um desafio definitivo para quem se proponha a abordá-lo depois dele. À justificativa de que a intenção teria sido atualizar o debate sobre design, introduzindo comentários relativos às questões, às tecnologias e aos materiais surgidos nos últimos 60 anos, poderíamos contrapor o argumento de que, para alcançar plenamente esse objetivo, o autor precisaria ter demonstrado mais profundidade e citado menos. De fato, nessa primeira parte, além do texto ser incomodamente interrompido por um excesso de citações, exibe um tom meramente descritivo, quase escolar, que de maneira nenhuma se coaduna com o padrão da etapa seguinte.

A segunda parte é a mais interessante e pessoal de *Limites do Design*. Com poucas citações e, portanto, numa escrita que se desenvolve com mais fluência, o autor contesta com firmeza posições de teóricos respeitados, como Tomás Maldonado, demonstrando domínio de seu assunto e independência intelectual. Procurando mostrar que não existe uma atitude projetual própria da periferia, diferente da atitude projetual própria dos países ricos, Dijon de Moraes afirma, com razão, que a metodologia e os processos mentais em design são os mesmos, em qualquer latitude. O que costuma mudar são os recursos tecnológicos disponíveis, as formas de difusão e distribuição dos produtos e o nível de acesso a seus benefícios. Mais atento às relações do design com a política e com a economia do que com a cultura, Dijon de Moraes defende a posição de que é mais importante para um produto perseguir a qualidade do que a fidelidade às tradições de um dado país.

Ao mostrar-se severamente crítico em relação ao constante lançamento no mercado de objetos inúteis e à tendência de adoção, pela indústria, do princípio da obsolescência planejada, lembra que existe atualmente um descompasso entre requisitos como adequação ergonômica e utilidade, de um lado, e excelência tecnológica, de outro. Ou seja, cada vez mais, objetos perfeitamente inúteis e ergonomicamente inadequados apresentam soluções tecnológicas formidáveis, como por exemplo certas calculadoras que reproduzem a solução formal e as dimensões de um cartão de crédito, possuindo incrível capacidade de armazenamento de dados e de desempenho de funções matemáticas, sendo, no entanto, inadequadas ao manuseio por não possuírem teclas dimensionadas para acolher os dedos que deveriam operá-las.

Abordando outro dos múltiplos aspectos da atividade que levanta em seu texto, Dijon de Moraes lembra que o design não deve ser entendido somente como instrumento de projeto mas também como disciplina de planejamento, estando apto, portanto, a colaborar no traçado de estratégias empresariais.

O autor termina a segunda parte de seu livro mostrando a necessidade de adaptação constante do designer não só a um contexto que se caracteriza pela permanente mutação tecnológica, mas também a condições de trabalho que podem se apresentar precárias, fazendo com que o profissional tenha de estar sempre pronto a se colocar como "uma fonte geradora de alternativas projetuais".

Completando o círculo de abordagem ao design, o livro se detém no comentário sobre o ensino, deixando clara sua adesão a um certo informalismo existente neste setor na Itália, país onde o autor estudou, fez sua pós-graduação e viveu por algum tempo. Com efeito, os designers italianos raramente possuem formação especializada, tendendo a privilegiar o "talento, a prática e a informação", como nos lembra o autor, em "detrimento da formação acadêmica". O que talvez fosse oportuno lembrar é que, não por acaso, a Itália provavelmente é o país que carrega a maior herança plástica do ocidente. Para onde quer que se volte, de norte a sul, qualquer italiano que saiba olhar e tenha sensibilidade será premiado com obras-primas incomparáveis na pintura, na arquitetura, na escultura e no sistema dos objetos, para lembrar Baudrillard, fruto de centenas de anos de um artesanato requintadíssimo. Sendo assim, pode-se entender um certo desdém pela formação acadêmica em design, freqüentemente manifestado pelos italianos pois, nesses termos, ela talvez possa mesmo ser dispensada. E, nesses mesmos termos, a contrapartida representada dentro da própria Itália por Tomás Maldonado, numa discussão que o situa entre os defensores de metodologias de projeto que privilegiam a formação regular e os aspectos científicos e tecnológicos do processo em detrimento da intuição, pode soar imprópria e deslocada.

Encerrando o livro, Dijon de Moraes descreve um pouco de sua experiência como professor de Projeto de Produto, no curso de Desenho Industrial da Universidade do Estado de Minas Gerais, onde aplica sua concepção de design programado, elaborada a partir de uma definição de Alain Tourraine e Z. Hegedus para a sociedade pós-industrial. De acordo com essa orientação, eleito um tema de trabalho, o aluno seria incentivado a buscar "infinitas possibilidades para sua solução", apoiado na capacidade de análise e reflexão e contrariando o princípio taylorista segundo o qual o aumento de produtividade se daria somente a partir de *one best way*. Segundo Dijon de Moraes, "a resposta programada permite escolher entre muitas soluções para maximizar a produção e realizá-la de diversas maneiras".

Limites do Design coloca, sem dúvida, questões instigantes que ultrapassam o âmbito de interesse restrito da atividade. No entanto, dada a abrangência de seus propósitos, nem sempre o autor consegue dar conta do traçado a que se propôs. Entre os méritos do livro, o maior talvez seja a paixão que demonstra pelo design, atividade tão desconhecida e tão pouco respeitada no Brasil.

GLÓRIA AOS MÃOS SUJAS

Apesar de se constituir no primeiro objeto gráfico com características de produto industrial, o livro, a partir de Gutenberg, tendeu a ser examinado pelo prisma das possibilidades da bibliologia que destaca os aspectos referentes ao conteúdo, em detrimento daqueles referentes ao produto e sua fabricação. Nesses termos, dados relativos à autoria do texto, das ilustrações, à data da publicação e à casa editora sempre foram valorizados por qualquer ficha catalográfica na mesma intensidade com que se eclipsou a identificação do projeto gráfico, dos tipos, papéis e processos de reprodução utilizados.

Mesmo para uma observação superficial esse quadro revela os resíduos de um comportamento aristocrático, digamos assim, que insiste em moldar a produção intelectual na fôrma de hierarquias passadistas. Como se, num princípio de século já distante, a Bauhaus não tivesse mostrado que o trabalho técnico pode ser condição para o surgimento da aventura criadora, mesmo quando voltado para o atendimento de necessidades concretas.

O filme, no entanto, que assim como o livro também é um produto industrial, sempre dedicou tempo e espaço ao registro das informações relativas à equipe responsável por sua fabricação. De fato, o cinema adotou o letreiro, conjunto de créditos que podem figurar no princípio ou no final do filme, como o lugar onde todas as funções envolvidas se expressam e as hierarquias se acomodam. Com isso, demonstrou ter plena consciência da importância que a soma das aptidões individuais assume no resultado final do produto. Aliás, poderia se afirmar, sem temor de exagero, que a existência de qualquer produto industrial pressupõe o desempenho de equipes multidisciplinares. Quanto maior a complexidade do processo, maior a

PROJETO DE LIVRO
ANIKI BOBÓ / JOÃO CABRAL DE MELO NETO

DESIGNER E ILUSTRADOR / ALOISIO MAGALHÃES / 1958
PROCESSO / TIPOGRAFIA SOBRE ILUSTRAÇÕES EM LITOGRAFIA

necessidade de envolver nele especialidades diferentes e complementares que possam dar conta do escopo proposto.

Ora, o desequilíbrio na valorização dos aspectos que compõem o livro como objeto, de um lado, como transmissor de conhecimento e informação, de outro, ilustra bem a resistência que ainda existe em se aceitar como culturalmente legítimas as contribuições trazidas pelo produto industrial à sensibilidade e à inteligência do homem contemporâneo. E, embora não seja essa a preocupação de *O Gráfico Amador*, uma leitura atenta certamente dará com o registro dessa dinâmica percorrendo o livro como as águas silenciosas de um rio subterrâneo porém sempre presente.

Para situar seu objeto, a produção de uma editora fundada por jovens artistas e intelectuais pernambucanos e que esteve ativa entre os anos de 1955 e 1961, Guilherme Cunha Lima faz um minucioso inventário do que foi a introdução da tipografia no Brasil. Daí, passa ao registro detalhado de todos os impressos fabricados pelo grupo e à identificação de seus integrantes, completando a abordagem com considerações extremamente interessantes acerca da filiação de *O Gráfico Amador* ao modernismo nordestino de Gilberto Freire, de cunho mais regionalista, e de Vicente do Rego Monteiro, cosmopolita ligado à França e a Mário e Oswald de Andrade, em São Paulo. Finalmente, sempre com o propósito de situar o desenvolvimento do livro brasileiro enquanto produto gráfico, chama a atenção para a influência que a poesia concreta exerceu sobre a comunicação visual que se fazia em nosso país, na segunda metade da década de 60, ilustrando suas afirmações com exemplos bastante expressivos.

Ainda que Guilherme tenha privilegiado a descrição como princípio organizador de seu texto, evitando os riscos da reflexão de cunho mais pessoal, sobressaem a consistência da pesquisa empreendida, assim como algumas relações de causa e efeito apontadas pelo trabalho, haja visto as interferências do contexto político e cultural do país sobre o grupo estudado, nos anos que antecederam o golpe de 64. Sem esquecer que o olhar de designer, lançado por Cunha Lima, confere uma tonalidade nova ao tema já bastante explorado da produção de livros no Brasil. É justamente essa ótica particular que permite ao autor não só sugerir uma forma mais completa de catalogação bibliográfica, incluindo nela dados como a autoria do projeto de design, a quantidade e a técnica das ilustrações, a natureza da composição e da impressão do texto, como também comentar com extrema segurança

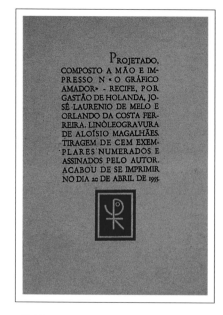

COLOFON
MACACO BRANCO / GASTÃO DE HOLLANDA

SÍMBOLO DO GRÁFICO AMADOR
DESIGNER / ALOISIO MAGALHÃES

aspectos das publicações examinadas, relativos à concepção visual e à fabricação.

É de fato surpreendente que num país ainda marcado pelos códigos e pelos valores de uma produção artística que parece resistir até hoje à revolução trazida pela indústria, na década de 50, distante da arrogância do eixo Rio / São Paulo, tenha surgido esse grupo originalíssimo. *O Gráfico Amador* contava em seu núcleo com as figuras ímpares de Aloisio Magalhães, Gastão de Holanda, José Laurenio de Melo e Orlando da Costa Ferreira. Com exceção de Aloisio, nesse período ainda um artista plástico, os outros três eram poetas e ficcionistas e pretendiam, ao fundar a editora, criar condições para publicar e distribuir seus próprios textos. No entanto, a maneira como se desenvolveu a experiência atesta a qualidade intelectual desses quatro "mãos sujas", apelido que pretendia classificar os membros do grupo: os "mãos sujas" punham a mão na massa e a sujavam com as tintas e a lida dos serviços de projeto, composição e impressão; os "mãos limpas" eram os que se limitavam à conversa, ao apoio, à troca intelectual e à criação de material para as edições. Pois bem, não por acaso, entre os "mãos sujas" parece ter se desenvolvido uma consciência aguda das riquíssimas relações existentes entre a produção artística e a seriação industrial. Se bem que as tiragens dos impressos produzidos pelo *O Gráfico Amador* fossem pequenas e o processo de reprodução utilizado, basicamente o tipográfico, fosse operado de forma artesanal, esse momento da juventude parece ter introduzido no horizonte dos quatro cavalheiros a chave para a compreensão do sentido profundo das formas de manifestação artística no mundo de hoje. Aloisio e Gastão se tornaram designers. Orlando acumulou uma enorme erudição bibliológica publicando textos importantes como *Imagem e Letra: Introdução à Bibliologia Brasileira*. José Laurenio acrescentou às atividades de poeta, ficcionista e requintadíssimo tradutor do inglês, a de especialista em editoração, passando a colaborar nessa atividade com algumas das maiores editoras do país.

Muito ainda se poderia extrair do livro de Guilherme Cunha Lima, certamente a pesquisa e a exposição mais abrangentes e documentadas que já se fizeram no Brasil, sobre tema semelhante, por alguém cujo ponto de vista parte do universo do design. Poderia se lembrar a extrema qualidade gráfica e, em certos casos, a ousadia dos livros e impressos de caráter efêmero fabricados por *O Gráfico Amador*. Poderia se enumerar a incrível diversidade dos que, de uma maneira ou de outra, estiveram ligados ao grupo

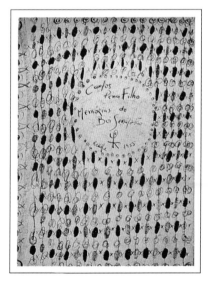

PROJETO DE LIVRO
MEMÓRIAS DO BOI SERAPIÃO / CARLOS PENA FILHO

DESIGNER E ILUSTRADOR / ALOISIO MAGALHÃES / 1958
PROCESSO / TIPOGRAFIA SOBRE ILUSTRAÇÕES EM LITOGRAFIA

ou como membros ativos ou como sócios da editora. E esta lista incluiria gente do tope de Ariano Suassuna, Artur Lício Pontual, Francisco Brennand, João Alexandre e Ana Mae Barbosa, Reynaldo Fonseca, Sebastião Uchoa Leite e os irmãos Henrique e José Mindlin, para lembrar os que talvez tenham se tornado mais eminentes.

Concluindo, fica a ardorosa recomendação de leitura e a esperança de que textos como esse contribuam para abrir espaços de cidadania aos "mãos sujas" de qualquer origem, nos restritivos terrenos da produção cultural brasileira.

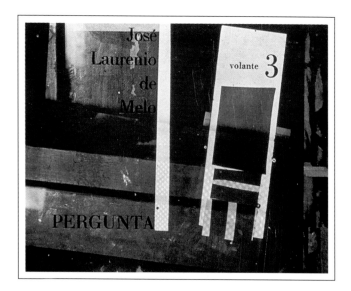

PROJETO DE LIVRO
PERGUNTA / JOSÉ LAURÊNIO DE MELO

DESIGNER / ALOISIO MAGALHÃES / 1958
PROCESSO / TIPOGRAFIA SOBRE COLETURA DA FALCON PRESS

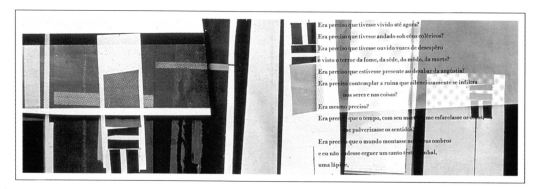

DIALETO INCONFUNDÍVEL

O empenho de ordenar talvez provoque certo fastio às inteligências cultivadas, afeitas à espessura do pensamento e ao corpo-a-corpo constante com o fugidio desenho dos conceitos. No entanto, há ocasiões em que, não havendo delimitação precisa dos campos, a reflexão pode comprometer seu curso, lacraia congelada mordendo a própria cauda.

Com efeito, de maneira geral, as tentativas feitas no Brasil de tratar o design de forma mais sistemática deixam um pouco a desejar, salvo as exceções de sempre. Nos casos em que a abordagem tem caráter sincrônico é difícil que o autor atinja aqueles momentos de intuição reveladora que iluminam as questões em torno das quais costumam girar as preocupações de quem se interessa pelo design, seja como linguagem, atividade profissional ou técnica de comunicação. Quando a abordagem tem caráter diacrônico, encadeando os fatos e perseguindo seu sentido, o resultado tende a ser melhor na medida em que não só o autor se move num terreno já bastante sedimentado, como também não lhe cabe propriamente a obrigação de tratar questões relativas à linguagem e, como decorrência, à maneira como a expressão se organiza no produto por meio do projeto.

Maurício Azeredo, a Construção da Identidade Brasileira no Mobiliário, escrito e organizado pela jornalista Adélia Borges, talvez tenha se deixado enredar numa armadilha ardilosa, apesar do grande interesse de seu objeto e da apaixonada abordagem feita por alguém que tem se ocupado seriamente com a questão do design em nosso país.

Maurício Azeredo é, sem sombra de dúvida, um grande criador. Desses artistas raros que não só chegam à plena mestria de seus meios como, o que é mais difícil, conseguem definir um timbre próprio ao articular com extrema sensibilidade as infinitas variações dos temas que não pára de inventar, construindo com seus móveis um dialeto inconfundível de grande beleza. Como se não bastasse, os princípios que norteiam sua invenção repousam na mais absoluta reverência à natureza e ao cuidado com seu equilíbrio. Experimentalista, faz da pesquisa sobre nossas madeiras um exercício cromático através do qual a forma, o encaixe e a superfície de seus objetos atingem uma compleição absolutamente brasileira e original. E isso tudo é destacado por Adélia Borges. No entanto, e aqui entraria uma discordância com o enfoque principal da autora, tanto o método quanto a tecnologia de trabalho de Maurício Azeredo o definem como um artesão, não como um designer. Um artesão comprometido como a fatura e o acabamento individual de suas peças, freqüentemente obras únicas que burila à exaustão, e com as quais gastará o tempo que for necessário para atingir o rigor compatível com sua grande exigência. Ora, essa não costuma ser a duração, o método, nem o conjunto de recursos, enfim, que caracterizam a ação do designer. E não que o designer não deva ser absolutamente preciso e rigoroso nos limites das atribuições de seu campo. Ocorre que duas são as condições necessárias para que se configure a presença do design: que exista projeto e que a tecnologia de fabricação escolhida pressuponha a reprodução de uma matriz por meios industriais ou pós-industriais, como o eletrônico, por exemplo.

De fato, as pequenas séries obtidas por meio de tecnologias artesanais ou semi-artesanais permitem um tipo de interferência que é vedada ao designer, ou seja, que a fabricação se interrompa para que o objeto seja ajustado, depurado, corrigido. Em processos de produção regidos pela metodologia do design, caso se quisesse proceder de maneira semelhante, seria necessário refazer a matriz. Interromper a fabricação para tentar mudar seu rumo seria não apenas impensável, como inexeqüível. Sendo assim, certamente teria sido mais adequado focalizar a produção de Maurício Azeredo como a de um artesão excepcional que trouxe para seu ofício os conhecimentos adquiridos na formação de arquiteto. Além disso, como aponta Adélia Borges ao longo de seu texto, o trabalho de Maurício Azeredo não se impõe apenas por suas qualidades formais mas, também, por seu interesse cultural, pelo fato de encarnar exemplarmente um certo tipo de compromisso com a cultura brasileira. E esse talvez seja o grande mérito da autora: revelar numa escrita transparente não só a dimensão humana de um profissional de exceção, inserindo-o com carinho em seu tempo e nos ambientes em que desenvolveu a inteligência e amadureceu os propósitos, mas descrever os movimentos de um criador empenhado em exprimir as raízes de sua gente numa linguagem pessoal, periodicamente refrescada pela busca incessante da auto-superação.

Não menos meritória foi a escolha feita por Adélia do fotógrafo e dos designers gráficos Romulo Fialdini, Ricardo Ribenboim e Rodney Schunck, parceiros sensíveis, indispensáveis à construção da bela trama tecida pela palavra e pela imagem, na qual estão apoiados o discurso do livro e a valorização dos objetos produzidos por Maurício Azeredo. Por outro lado, a inserção dos depoimentos laudatórios, prestados por colegas arquitetos e admiradores da obra de Azeredo, não só entram em conflito com sua mencionada modéstia, como pouco acrescentam ao perfil traçado por Adélia

Borges, remetendo a um tipo de aproximação mais própria do portfólio profissional do que do exame de uma trajetória.

Finalizando, enquanto o termo design continuar acolhendo tudo o que se acha com direito de nele se encaixar, talvez mais apropriado do que criticar os estilos pelos quais se tornou conhecido fosse compreender as razões da prevalência de um deles, por um certo tempo em nosso país. Mais precisamente do funcionalismo que tanta e tão grande influência exerceu no mundo industrializado entre as décadas de 30 e 60. Da mesma maneira, contrapor a graça do artesanal à inevitável precisão uniformizadora da indústria talvez possa remeter a uma espécie de resistência ao design, ainda que inconsciente. Na verdade, o design pressupõe uma nova forma de feitura e de fruição de objetos e informações. Pressupõe, também, uma nova estética. A cultura que não souber incorporá-lo estará fadada a atrasar o passo, dificultando sua sintonia com a torrente transnacional do mundo globalizado.

HOMENAGEM A ALOISIO

Aloisio Magalhães foi das personalidades mais talentosas e envolventes que circularam pelo Brasil entre as décadas de 60 e 80. Bonito, encantador, hábil e inteligente, tinha o dom de juntar em torno de si pessoas apaixonadas pelas causas que propunha, exercendo sobre elas doce liderança. Como era um homem de interesses variados e muitas aptidões, essas causas variavam do empenho em usar de forma inesperada e original tecnologias já conhecidas à proposta de conferir um matiz nacional para nosso design, passando pela coleta de formas de expressão popular que pudessem contribuir para estabelecer a base de um pensamento e de uma prática de projeto genuinamente brasileiros.

Bacharel em Direito, como a maioria daqueles que em sua geração e categoria social não possuía vocação científica; artista plástico, até a descoberta do design, Aloisio transformou em fina diplomacia a experiência herdada do avô, deputado federal por Pernambuco em 1914 e do tio, Agamenon Magalhães, interventor no mesmo Estado, no período sinistro da ditadura getulista. As qualidades de diplomata permitiram-lhe iniciar, no final dos anos 70, uma carreira política bastante original, alimentada pela novíssima ótica do design. Se a morte não a tivesse truncado, essa carreira certamente o teria levado a cargos ainda mais altos do que os que chegou a ocupar, tanto na esfera nacional quanto, provavelmente, na esfera internacional. Mesmo porque, sendo profundamente brasileiro, Aloisio foi o mais cosmopolita dos designers de sua geração, tendo o francês como segunda língua, a língua doméstica com que se comunicava com Solange, sua mulher, de origem franco-russa, e com as filhas, Clarice e Carolina. Foi seresteiro afinadíssimo e grande contador de casos, combinando uma saborosa verbalidade com a precisão total de um olho definitivo. Cultor do lazer nas conversas e cantorias com os amigos, era ao mesmo tempo um trabalhador contumaz e uma inteligência disciplinada. Os símbolos que projetou atestam o rigor a que submetia sua forma,

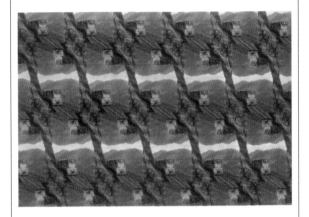

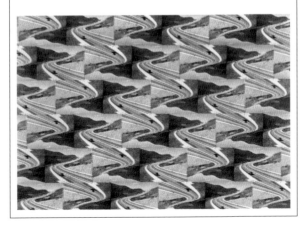

CARTEMAS
COMPOSIÇÕES FEITAS A PARTIR DE CARTÕES-POSTAIS

PROJETO / ALOISIO MAGALHÃES PROGRAMAÇÃO VISUAL E DESENHO
INDUSTRIAL / 1972 / 1974
DESIGNER / ALOISIO MAGALHÃES

lapidando-a até o limite do equilíbrio. Para Aloisio, o terreno da imagem e o terreno da palavra eram igualmente familiares e, neles, se movia com desenvoltura e prazer. Graças à afabilidade no trato social, à facilidade de expressão e a seu enorme talento gráfico foi um precioso divulgador do design que, a partir de um certo momento, associou-se definitivamente a seu nome, em qualquer meio ou veículo em que fosse mencionado, no Brasil.

Entre seus trabalhos mais conhecidos estão o projeto do símbolo e do programa gráfico comemorativo do Quarto Centenário da Cidade do Rio de Janeiro, de 1965; a Identidade Visual da Light e o projeto das notas do Cruzeiro Novo, ambos de 1967. Cada um deles encerra uma característica própria que, de certa forma, os distingue no contexto da produção daquele período. O símbolo do Quarto Centenário, por exemplo, teve difusão e acolhida extraordinárias, absolutamente inéditas em projetos de Identidade Visual. Foi reproduzido aos milhares pela população da cidade que o adotou carinhosa e espontaneamente, usando-o no desenho de pipas, na decoração do carnaval, na grafia das calçadas, na pintura de veículos e paredes, nos luminosos das lojas, em peças de roupa e em toda sorte de *gadgets,* próprios de comemorações desse tipo. O sucesso do símbolo foi tal que Aloisio, numa tentativa de compreender o fenômeno, acabou descobrindo que havia, sem se dar conta, trabalhado com uma poderosa mandala.

Com o símbolo da Light, Aloisio chegou, provavelmente, a uma das formulações mais elegantes e sintéticas criadas pelo design gráfico neste século, na área da Identidade Visual. Tanto é que, passado tanto tempo, o símbolo permanece em uso, forte e adequado a seus propósitos. Para os cariocas, o ideograma da Light se mantém como um dos ícones da cidade, mesmo com uma implantação que com o passar dos anos se desvirtuou, perdendo as qualidades originais de limpeza e legibilidade.

Em 1967, o Banco Central instituiu um concurso fechado para a escolha do projeto das notas do Cruzeiro Novo. Dele participaram Alexandre Wollner, Aloisio Magalhães, Goebel Weine, Ludovico Martino, Rubem Martins e dois funcionários da instituição. Aloisio ganhou a competição com um projeto extremamente inovador, inspirado num brinquedinho de criança que havia trazido da Europa, pouco antes: lâminas de acetato com impressões de círculos concêntricos, em várias espessuras. Superpondo-as, ele criava configurações em *moiré,* que acabou por utilizar como princípio básico de seu

CÉDULAS DO CRUZEIRO

PROJETO / ALOISIO MAGALHÃES PROGRAMAÇÃO VISUAL E DESENHO INDUSTRIAL / 1967
DESIGNER / ALOISIO MAGALHÃES
CLIENTE / CASA DA MOEDA

projeto, num procedimento que dá bem a medida da importância que a intuição ocupava em seu processo de trabalho. Fazendo com que os grafismos em *moiré* tomassem a maior parte da superfície das notas, Aloisio rompeu com o desenho tradicional nesse setor e, além de inovar a linguagem das cédulas, criou uma série de constrangimentos para os falsificadores. De fato, até aquele momento, as áreas de desenhos meândricos, produzidas pelas máquinas italianas Giori, se restringiam a algumas partes da nota. Aloisio estendeu esses meandros, digamos assim, pela nota toda, complicando a tarefa dos falsários.

A presença de Aloisio Magalhães na ESDI – Escola Superior de Desenho Industrial, no primeiro período situado entre meados de 60 e início de 70, certamente ajudou a escola a dosar certos excessos funcionalistas, temperando-os com possibilidades de cunho mais lúdico, onde a ambigüidade estética tinha licença para se manifestar.

Embora tenha sofrido forte influência dos movimentos construtivos e adotasse uma certa racionalidade projetual, seus trabalhos exalavam o frescor gráfico típico de quem não desprezava as livre associações da forma e de seus imperativos plásticos. Por isso foi um grande designer, porque não resistiu às possibilidades do design gráfico como linguagem, como forma de expressão. Ao contrário, em propostas autorais, como a dos *Cartemas*, usou o cartão-postal como vocábulo e sua articulação como sintaxe, criando texturas de informação visual de incrível beleza.

Na grande crise que paralisou a ESDI, em 68, a postura de Aloisio foi de extrema independência. Nem aliado dos que resistiam às tentativas de mudanças, nem dos açodados que pretendiam não deixar pedra sobre pedra. Calado e observador, nos momentos em que tinha dúvidas; incisivo, quando seguro de seus pontos de vista, a certa altura perdeu a paciência com o caráter labiríntico assumido pelo processo e se afastou deixando um alerta precioso: em se tratando de design, nos momentos de desorientação deve-se desenhar, desenhar, desenhar, até que seja possível a eclosão de uma nova ordem. Talvez pudéssemos entender como projeto o que, naquela ocasião, ele chamava de desenho, uma vez que a noção de projeto abrange a de desenho. Há 30 anos, no entanto, o desenho podia, de fato, ser considerado como o fator que deflagrava o processo de trabalho, em certas áreas do design gráfico, como o eixo em torno do qual o projeto se organizava. E era por isso que, em 68, do centro do furacão, ele tentava mostrar que sem técnica, sem domínio da expressão e dos processos, como o tinha o artesão medieval que era o exemplo que ele sempre lembrava, não haveria, em design, aventura conceitual que se sustentasse. E, ao mencionar o artesão, ele mostrava para um bando de alunos bastante ignorantes e muito pretensiosos, e para um grupo de jovens professores que, provavelmente por inexperiência, estavam excessivamente preocupados em distinguir a si mesmos e ao design de toda a história pregressa da cultura ocidental que a saída não estava nem na empáfia nem no dogmatismo, mas no árduo e laborioso trabalho cotidiano com a forma; na humildade diante das surpresas que ela pode colocar e na necessidade de ligar conceito e solução gráfica.

Se por uma série de razões que não caberia examinar Aloisio, no período de 64 a 72, talvez não tenha posto em prática, como professor, os princípios que defendia com tanta clareza, como líder, em seu escritório, teve desempenho de verdadeiro mestre. Cercado de discípulos galvanizados por seu brilho intelectual, foi responsável pela formação de várias gerações de profissionais, disseminando uma requintada visão de design nutrida pela cultura popular brasileira e pela cultura erudita. A perenidade de seus trabalhos mais importantes talvez se explique pelo fato de que aliavam qualidade gráfica e adequação aos propósitos a um código de referência estética que não era imposto nem pela instabilidade da moda, nem pelos aspectos mais superficiais do *marketing*.

Nesses 15 anos que se passaram sem Aloisio, o panorama do design brasileiro se modificou muito. As escolas se multiplicaram pelo país afora. O número de jovens profissionais cresceu extraordinariamente, não tivesse o design se transformado na profissão do momento. Logotipo e símbolo viraram logomarca numa contribuição infeliz de algum espírito morbidamente criativo. O computador trouxe uma revolução sem tamanho que Aloisio teria adorado experimentar. Os códigos éticos se afrouxaram e a ideologia da venda superou, em muito, a da boa forma. O design continua sendo uma atividade de *outsiders*, numa sociedade atrasada que resiste em incorporá-lo, arriscando, com isso, ficar fora da dinâmica das trocas econômicas do mundo globalizado. As indústrias insistem em não investir em pesquisa, na área do design, e o Estado esboça iniciativas de apoio tímidas e contraditórias, desnorteando mais do que qualquer coisa. E, ultimamente, numa demonstração de complexo de inferioridade e excessiva reverên-

SÍMBOLO

PROJETO / ALOISIO MAGALHÃES PROGRAMAÇÃO VISUAL E DESENHO INDUSTRIAL / 1967
DESIGNER / ALOISIO MAGALHÃES
CLIENTE / LIGHT RIO DE JANEIRO

cia em relação ao primeiro mundo, grandes trabalhos na área da Identidade Corporativa têm sido encomendados a escritórios estrangeiros por alguns dos maiores grupos econômicos nacionais.

Em que medida a presença de Aloisio teria interferido nesse quadro nós nunca iremos saber. O que podemos afirmar é que ninguém como ele conferiu ao design brasileiro, em tão pouco tempo, uma aura de respeitabilidade tão grande, graças a seu carisma, seu senso de ocasião e à alta qualidade de sua inteligência projetual. A convivência com Aloisio foi um privilégio cuja dimensão a lembrança só faz aumentar. Para os jovens que não o conheceram fica o conselho de que busquem contato com sua obra. Para nós, antigos alunos e amigos, a saudade.

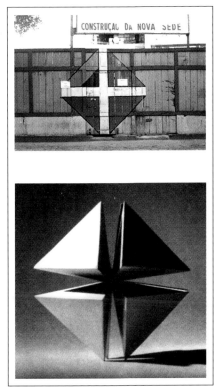

SÍMBOLO PARA O 4º CENTENÁRIO DO RIO DE JANEIRO
APROPRIAÇÃO POPULAR E MAQUETE EM TRÊS DIMENSÕES

PROJETO / ALOISIO MAGALHÃES PROGRAMAÇÃO VISUAL E
DESENHO INDUSTRIAL / 1965
DESIGNER / ALOISIO MAGALHÃES
CLIENTE / PREFEITURA DA CIDADE DO RIO DE JANEIRO

DESIGN GRÁFICO **19 DESIGN** / **ANA LUISA ESCOREL**

FOTOGRAFIAS DA CAPA **PEDRO LOBO**

FOTOGRAFIAS / PÁGINAS 52, 53, 55 e 61 **CYNTHIA BRITTO**

/ PÁGINAS 80, 81, 82 e 83 **PEDRO OSWALDO CRUZ**

EDITORAÇÃO ELETRÔNICA **19 DESIGN** / **ALINE CARRER** / **VALÉRIA BOELTER**

FOTOLITOS **VIRTUAL** / **WILSON BARBOZA**

IMPRESSÃO **W. ROTH**

O MIOLO DESTE LIVRO FOI IMPRESSO EM COUCHÉ SCHEUFELLEN MAT 150 G.

E A CAPA NO MESMO PAPEL, GRAMATURA DE 240 G.

O TEXTO FOI COMPOSTO EM META PLUS NORMAL C9.5 / C14.64,

OS TÍTULOS, A NUMERAÇÃO DAS PÁGINAS E AS CAPITULARES

EM LITHOS BLACK CORPOS 12, 7.E 21.

A TIRAGEM DA PRIMEIRA EDIÇÃO FOI DE 2 000 VOLUMES.

APOIO CULTURAL BANCO ABC BRASIL